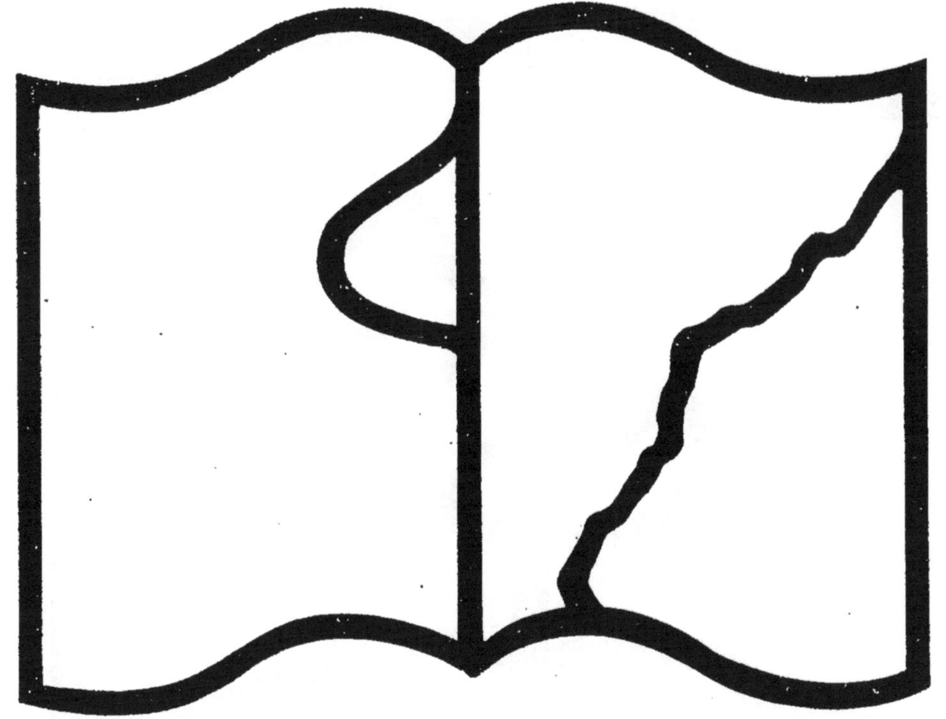

Texte détérioré — reliure défectueuse

NF Z 43-120-11

Symbole applicable
pour tout,ou partie
des documents microfilmés

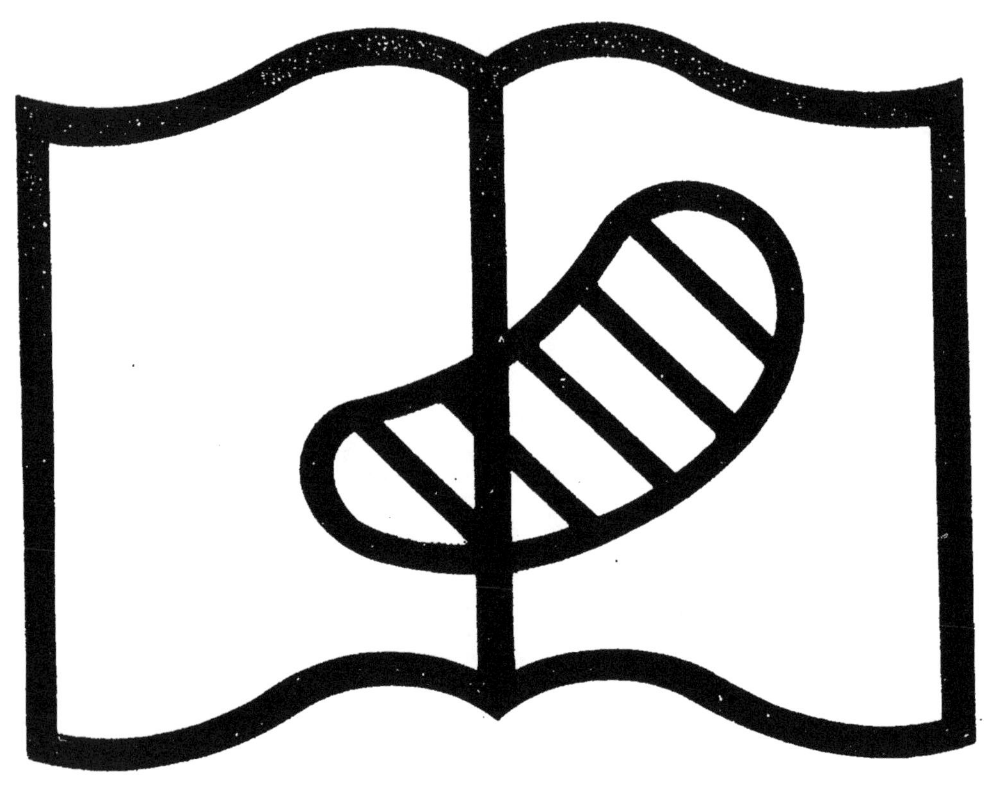

Original illisible

NF Z 43-120-10

Symbole applicable
pour tout,ou partie
des documents microfilmés

Abbé GAYRAUD
Député du Finistère.

Un Catholique peut-il être Socialiste ?

PARIS
LIBRAIRIE BLOUD ET Cie
4, RUE MADAME ET RUE DE RENNES, 59

SCIENCE ET RELIGION

Études pour le temps présent. — Prix 0 fr. 60 le vol.

1 **Certitudes scientifiques et Certitudes philosophiques,** p. A. de la Barre, prof. à l'Institut catholique de Paris... 1 vo

2 **L'Ame de l'homme,** par J. Guibert, supérieur du Séminaire d l'Institut catholique de Paris.......... 1 vo

3 **Faut-il une religion ?** par M. l'abbé Guyot, ancien professeur d Théologie.......... 1 vo

4 *Du même auteur :* **Pourquoi y a-t-il des hommes qui ne pro fessent aucune religion ?**.......... 1 vo.

5 **Nécessité scientifique de l'existence de Dieu,** par Pierr Courbet.......... 1 vol

6 *Du même auteur :* **Jésus-Christ est Dieu**.......... 1 vol

7 8 9 **Etudes sur la Pluralité des mondes habités et le dogm de l'Incarnation,** par le R. P. Ortolan, membre de l'Académi de Saint-Raymond de Pennafort et de la Société astronomique de France.......... 3 vol

I. — *L'Epanouissement de la vie organique à travers les Plaine de l'infini*.......... 1 vol

II. — *Soleils et Terres célestes*.......... 1 vol

III. — *Les Humanités astrales et l'Incarnation*.......... 1 vol

Chaque volume se vend séparément.

10 **L'Au-delà ou la Vie future d'après la Foi et la Science,** par M. l'abbé J. Laxenaire, de l'Académie de Saint-Thomas d'Aquin, professeur de Théologie.......... 1 vol.

11 **Le Mystère de l'Eucharistie. — Aperçu scientifique,** par M. l'abbé Constant, docteur en Théologie.......... 1 vol.

12 **L'Eglise catholique et les Protestants,** par G. Romain. 1 vol.

13 **Mahomet et son œuvre,** par I.-L. Gondal, supérieur du grand séminaire de Toulouse.......... 1 vol.

14 15 **Christianisme et Bouddhisme,** par M. l'abbé Thomas, vicaire général de Verdun.......... 2 vol. Prix : 1 fr. 20

16 **Où en est l'Hypnotisme,** son histoire, sa nature et ses dangers, par A. Jeanniard du Dot.......... 1 vol.

17 *Du même auteur :* **Où en est le Spiritisme,** sa nature et ses dangers.......... 1 vol.

18 **L'Apologétique historique au XIXe siècle. — La critique irréligieuse de Renan.** (*Les précurseurs. — La Vie de Jésus. — Les adversaires. — Les résultats*), par l'abbé Ch. Denis. 1 vol.

19 **Nature et Histoire de la liberté de conscience,** par le chanoine Canet, docteur en philosophie et ès lettres de l'Université de Louvain.......... 1 vol.

20 **L'Animal raisonnable et l'Animal tout court,** *Etude de Psychologie comparée,* par C. de Kirwan.......... 1 vol.

21 **La Conception catholique de l'Enfer,** par L. Brémond, docteur en Théologie.......... 1 vol.

22 **L'Eglise russe,** par I.-L. Gondal.......... 1 vol.

23 **La Fausse Science contemporaine et les Mystères d'Outre-tombe,** par le R. P. Ortolan.......... 1 vol.

24 *Du même auteur :* **Vie et Matière ou Matérialisme et Spiritualisme en présence de la Cristallogénie**.......... 1 vol.

25 *Du même auteur :* **Matérialistes et Musiciens**.......... 1 vol.

26 **Le Mal,** sa nature, son origine, sa réparation. *Aperçu philosophique et religieux,* par M. l'abbé Constant.......... 1 vol.

27 **Dieu auteur de la vie,** par M. l'abbé Thomas, vicaire général de Verdun.......... 1 vol.

28 *Du même auteur :* **La Fin du monde d'après la Foi.** 1 vol.

Abbé GAYRAUD
Député du Finistère.

Un Catholique peut-il être Socialiste?

PARIS
LIBRAIRIE BLOUD ET Cie
4, RUE MADAME ET RUE DE RENNES, 59

MÊME LIBRAIRIE

Ouvrages de M. l'abbé GAYRAUD

DÉPUTÉ DU FINISTÈRE

Questions du Jour, *politiques, sociales, religieuses, philosophiques,* 2e édition. 1 fort volume in-18 jésus. — Prix : **3** fr. **50** ; *franco,* **4** francs.

— Le *ralliement à la République,* la *liberté d'association* et les *congrégations religieuses,* le *patronat* et le *salariat,* l'*Eglise devant l'esprit moderne,* l'*avenir de la scolastique,* le *capital* et la *finance au XIXe siècle,* l'*impôt progressif,* la *décentralisation,* etc.; toutes questions traitées avec la hauteur de vues de ceux qui s'orientent loyalement et sans arrière-pensée sur les enseignements de Léon XIII, — avec la science profonde et la rigueur philosophique qui, depuis longtemps, mettent tout à fait à part M. Gayraud, avec la sérénité d'un homme qui ne songeait guère alors à poser une candidature politique.

La Crise de la Foi, ses causes et ses remèdes. 1 vol. in-18 jésus. — Prix : **2** fr.; *franco,* **2** fr. **25.**

Depuis longtemps la pensée de M. l'abbé Gayraud s'était portée sur la grande *crise* que traversent de nos jours les croyances religieuses, spécialement les croyances catholiques. *L'exposer,* l'*analyser* au triple point de vue de la *philosophie,* de l'*exégèse* et de la *politique,* en indiquer, à traits saillants, les *causes* et les *remèdes :* voilà ce que M. l'abbé Gayraud a jugé opportun de faire dans ce volume. Il pousse le *cri d'alarme* que chacun doit entendre, afin que chacun travaille à parer au danger.

AUX LECTEURS

Ne cherchez pas dans cette brochure une réfutation complète et méthodique du socialisme. Elle n'y est point, car tel n'a pas été le dessein de l'auteur. Peut-être cependant y trouverez-vous quelques bonnes raisons à opposer aux solutions économiques préconisées par les socialistes.

L'unique objet de ces quelques pages est de préciser exactement, avec la rigueur du procédé théologique, où se trouve la contradiction entre le socialisme moderne le plus mitigé et l'enseignement antisocialiste de plusieurs encycliques pontificales.

Ce n'est pas à dire que tout ce qui ne paraît pas contraire à l'enseignement du Saint-Siège, soit trouvé juste, vrai et digne d'approbation. Non, certes, mais si on le désapprouve, c'est pour d'autres raisons que celle de l'autorité doctrinale de l'Église.

Je prie le lecteur de tenir bien présent à l'esprit ce dessein tout spécial et ce point de vue tout particulier de l'auteur.

Depuis quelques années, la pensée socialiste est soumise à un double travail de critique. En s'infiltrant dans les masses populaires, surtout dans les campagnes, elle se débarrasse, tout comme l'eau de pluie qui traverse les différentes couches du sol, des éléments inutiles et des impuretés nuisibles qu'elle apporte du cerveau nuageux des théoriciens, ou qu'elle ramasse au contact des passions et des haines sur lesquelles elle tombe tout d'abord. Le peuple, avide de réformes sociales, répugne à l'*apriorisme* philosophique et antireligieux du socialisme, non moins qu'à ses tendances antifamiliales. Il ne laisse entrer et ne retient en son esprit qu'un *réformisme* plus ou moins vague, dont le programme n'est aucunement lié aux erreurs socialistes et peut se baser sans effort sur les principes chrétiens d'une démocratie justement progressive.

Outre ce filtrage populaire de la pensée socialiste, une autre épuration s'accomplit en elle, grâce à un travail de critique interne et de rectification continue. Il semble que, chez quelques-uns de ses orateurs et de ses écrivains, le socialisme tende à restreindre de plus en plus le communisme et à sauvegarder de mieux en mieux ces trois choses nécessaires dans toute société d'hommes libres, à savoir : le stimulant indispensable du travail, qui est l'intérêt individuel et familial du travailleur ; la liberté, en même temps que la dignité du citoyen, par une réelle propriété privée fortement garantie ; et ce libre choix de la profession, du domicile, du foyer domestique, de la manière de vivre, ainsi que de la culture intellectuelle et morale, sans lequel le progrès économique ne paraîtrait guère digne d'envie.

Or, à mesure que se dessine et se précise mieux ce juste et sage tempérament du socialisme raisonné, et que se produit cette éclosion populaire d'un socialisme tout pratique, la pensée chrétienne démocratique et sociale, marchant à la lumière des principes de fraternité et de justice, sans jamais tomber dans les erreurs des socialistes, s'ouvre de plus en plus à un large *réformisme social* qui, sur plusieurs points déjà, coïncide avec le socialisme populaire, et dont quelques conceptions rentrent dans le réformisme *opportunisé* de certains socialistes. L'école de la *Démocratie chrétienne,* qui se rattache à celle de l'*Association catholique,* laquelle naquit spontanément des études sociales des *Cercles catholiques d'ouvriers,* va à la rencontre des idées de solidarité économique et d'égalité civique qui engendrent le réformisme du peuple. En passant au crible du bon sens les revendications des socialistes, elle opère sagement le tri du juste et du vrai, d'où résulte un Réformisme qui est pleinement en harmonie avec la foi catholique et qui peut satisfaire pleinement le monde du travail.

Toute la jeunesse française, et la jeunesse catholique autant que l'autre, a faim et soif de grandes réformes sociales. Le socialisme lui ouvre de vastes horizons qui l'attirent. L'heure n'est-elle donc pas venue de montrer que, pour répondre pleinement aux aspirations ardentes des masses prolétariennes vers la justice et la fraternité sociale, pas n'est besoin d'embrasser les erreurs, les préventions et les haines du socialisme, mais qu'il suffit d'avoir au cœur la foi généreuse et l'amour sincère du bon chrétien ?

Voilà l'idée d'où ce livre est éclos. Il en poussera d'autres, j'en suis convaincu, qui vaudront plus que lui. Mais aucun ne pourra témoigner d'une affection plus profonde pour le peuple, ni d'un plus vif désir de voir se réaliser parmi les hommes la divine solidarité fraternelle apportée au monde par Jésus-Christ.

Paris, juillet 1904.

UN CATHOLIQUE PEUT-IL ÊTRE SOCIALISTE ?

I

A cette question, qui tourmente aujourd'hui beaucoup de jeunes esprits préoccupés de la vogue croissante du socialisme auprès des masses populaires, il est impossible de faire une réponse nette et précise si l'on ne s'entend bien, au préalable, sur les deux termes dont il s'agit de marquer ou l'accord ou l'opposition : qu'est-ce qu'un catholique ? qu'est-ce qu'un socialiste ?

Commençons donc, suivant la bonne vieille méthode philosophique, par définir ces mots et en déterminer exactement le sens.

Rien n'est plus facile que de s'entendre sur la définition du catholique. Tout le monde sait que ce terme désigne celui qui est membre de la société religieuse gouvernée par le Pape et par des évêques soumis à l'autorité spirituelle du Pontife romain. Personne ne se trompera là-dessus.

Mais la question présente ne se pose, en fait, que pour le catholique qui est membre vivant et actif de son Eglise. Ceux dont tout le catholicisme tient dans l'inscription sur le registre des baptêmes et dans l'accomplissement des rites de la première communion et du mariage, alors qu'ils ne reconnaissent plus le pouvoir divin et notamment le magistère doctrinal des évêques et du Pape, ne rencontrent pas la difficulté que nous avons à éclaircir. Leur libre pensée les met hors de cause. Il s'agit du catholique *fidèle,* c'est-à-dire de celui qui croit et qui accepte effectivement pour règle de sa foi l'enseignement infaillible de l'Eglise romaine, encore qu'il ne conforme pas toujours, en pratique, sa vie à ses croyances et néglige d'observer les rites de son culte.

Mais jusqu'où s'étend la règle de la foi et l'obligation de s'y conformer ? Il n'est pas rare de rencontrer des catholiques qui s'imaginent que l'obéissance doctrinale est limitée aux définitions *ex cathedrâ* des conciles et des papes, c'est-à-dire aux actes du magistère solennel de l'Eglise. C'est là une erreur grave en matière de foi. L'infaillibilité du pouvoir enseignant institué par Jésus-Christ s'exerce, en outre, dans les actes du magistère ecclésiastique ordinaire, lorsque les conditions, depuis longtemps définies, de la tradition apostolique s'y trouvent vérifiées. De plus, ce serait manquer de cette docilité qui convient aux vrais fidèles, si l'on se dérobait obstinément à la direction doctrinale que les évêques et les papes, sentinelles vigilantes éclairées d'en haut, impriment à l'Eglise dans certaines circonstances, en face de nouvelles erreurs ou de tendances hétérodoxes.

Ainsi l'enseigne expressément Léon XIII, à la suite de la Constitution dogmatique vaticane *Dei Filius,* dans l'encyclique *Sapientiæ christianæ* sur « les principaux devoirs des chrétiens », du 10 janvier 1890 (1).

D'où il résulte qu'un catholique fidèle doit réprouver non seulement ce que l'Eglise condamne par un acte solennel ou par son magistère universel et ordinaire, mais en outre ce qui vient à l'encontre de l'impulsion donnée par l'autorité religieuse à la pensée chrétienne.

(1) In constituendis obedientiæ finibus nemo arbitretur sacrorum Pastorum maximèque romani Pontificis auctoritati parendum in eo dumtaxat esse, quod ad dogmata pertinet, quorum repudiatio pertinax disjungi ab hæreseos flagitio non potest. Quin etiam neque satis est sincere et firmiter assentiri doctrinis quæ ab Ecclesiâ etsi solemni non definitæ judicio, ordinario tamen et universali magisterio tanquam divinitùs revelatæ credendæ proponuntur ; quas fide catholicâ et divinâ credendas concilium vaticanum decrevit. Sed hoc est præterea in officiis christianorum, ut potestate ductuque episcoporum imprimisque Sedis Apostolicæ regi se gubernarique patiantur. (Cf. *Syllabus,* prop. 22.)

Ce fidèle du catholicisme peut-il être socialiste ?

Qu'est-ce qu'un socialiste ?

Ce terme ne présente pas pour tout le monde un sens clair, nettement défini, sans équivoque, comme celui de catholique. On peut dire cependant que son acception première et naturelle comporte *l'abolition de la propriété privée et le régime de la communauté des biens,* sans rien déterminer ni des diverses formes possibles de ce régime (1), ni des

(1) La forme la plus en vogue aujourd'hui est celle du « socialisme scientifique » de Karl Marx, que l'on désigne du nom de *Collectivisme*. Ce système a pour base un fait *très contesté,* à savoir la diminution sans cesse et fatalement croissante du nombre des petits propriétaires, au profit d'un nombre sans cesse et fatalement décroissant de gros capitalistes. Ce prétendu phénomène est loin d'être vérifié, surtout en ce qui concerne la propriété agricole. Il y a en France environ 12 millions de ménages et 9 millions de maisons d'habitation. D'après une statistique récente des contributions directes, sur 11 millions d'électeurs français, 8 millions et demi sont propriétaires du sol. Sur ces 8 millions et demi, 95.000 seulement possèdent un revenu supérieur à 3.000 francs, et ils absorbent un quart du revenu total de la terre de France. Les trois autres quarts appartiennent aux 8.405.000 autres petits propriétaires dont le revenu foncier n'atteint pas 3.000 francs. Il résulte de ces chiffres que la grande majorité des Français sont propriétaires du sol. D'un autre côté, on compte un million de porteurs de rente et 7 millions de livrets de caisse d'épargne. Le nombre des propriétaires en notre pays dépasse donc de beaucoup celui des prolétaires. Voici en substance le programme collectiviste : Remplacement du capital *privé* par le capital *collectif ;* production collective sous la direction d'organes de la collectivité ; répartition des produits en raison de la valeur du travail de chacun, ou encore en raison des besoins raisonnables de chacun.

divers modes possibles de son établissement (1), ni des solutions à donner aux multiples problèmes sociaux que soulèverait cette révolution économique (2). Je crois que tous les inventeurs et les tenants de systèmes socialistes s'accorderaient sur ce sens général.

Mais, dans l'usage, la qualité de socialiste est attribuée à des gens fort éloignés de professer le communisme. En effet, ne lisons-nous pas sur nos murs, pendant les périodes électorales, des manifestes dont les auteurs se parent de l'étiquette de *socialistes,* alors qu'ils repoussent les théories décevantes du communisme et du collectivisme ? Et n'existe-t-il pas chez nous un parti politique composé d'hommes résolus à maintenir le droit à la propriété privée de la terre et des autres capitaux, et qui cependant prennent devant

(1) Le mode préconisé de préférence par les collectivistes, c'est la conquête pacifique des pouvoirs publics par le bulletin de vote. Après cette mainmise, « l'expropriation du capital, a dit M. Gabriel Deville *(Principes socialistes)* sera aussi légitime et aussi régulière que celle des biens de la noblesse et du clergé ». Beaucoup voudraient agir *révolutionnairement* et opérer l'expropriation d'un seul coup. M. Millerand et ses amis se sont déclarés pour la *méthode réformiste* de l' « incorporation successive », de la « collaboration parlementaire et gouvernementale » et de la préparation progressive de la classe ouvrière à l'ordre nouveau. (*Le Socialisme réformiste,* 1903.)

(2) Parmi ces problèmes signalons ceux de la valeur du travail, de la liberté individuelle dans le choix de la profession, de la famille, des libertés publiques de la conscience, de la presse, d'association et d'enseignement, de l'organisation du travail (production et répartition), du gouvernement, etc.

le public la double étiquette de *radicaux* et de *socialistes ?* Ce socialisme-là ne saurait rentrer dans l'acception générale du mot. Cependant la qualification sociale de ces radicaux est passée dans le langage politique, électoral et populaire. On peut donc se dire socialiste dans un autre sens que celui des fondateurs et des représentants attitrés du communisme.

En outre, une école de légistes et de sociologues appelle *Socialisme d'Etat,* par opposition à l'ancien libéralisme du « laissez faire, laissez passer », la doctrine économique qui reconnaît à l'Etat le *droit* et le *devoir* d'intervenir dans les rapports sociaux créés par le travail, dans les phénomènes si complexes de la production et de la répartition des richesses, afin d'empêcher l'exploitation et l'oppression des faibles et de faire prévaloir, par la force des lois, dans l'ordre économique, les principes de justice et de fraternité. Bien peu de gens aujourd'hui, s'il en est encore parmi les partisans attardés de l'économie libérale, repoussent absolument le principe de l'*interventionisme.*

On peut même affirmer que ce *devoir* de l'Etat découle de la raison d'être naturelle tant de la société que de l'autorité publique ; car cette raison d'être consiste, de l'avis commun, dans la nécessité de garantir socialement tous les droits de chacun des membres du corps social ; or le premier de ces droits est de ne subir aucune injustice, aucune violence, et de jouir de tous les bienfaits de la solidarité humaine. C'est dans ce but, en effet, que les hommes vivent en société, et c'est par ce moyen qu'ils jouissent de l'ordre et de la paix qui constituent par excellence le bien public et l'intérêt général de la cité et de la nation. Aussi Léon XIII, dans la fameuse encyclique sur « la condition des ouvriers », a-t-il reconnu et proclamé ce devoir et ce droit de l'Etat. Si donc l'interventionisme est l'une des formes admises du socialisme, comme il n'embrasse point dans ses programmes l'abolition de la propriété privée, il apparaît que l'on peut être socialiste sans verser dans aucun communisme.

Faisons une remarque plus importante. Il devient de plus en plus à la mode, parmi la jeunesse ouvrière des villes et des campagnes, de se déclarer socialiste. Or il suffit de converser quelques minutes avec ces soi-disant néophytes du socialisme, en particulier avec les recrues campagnardes, à l'âme paysanne et au bon sens rural, pour s'assurer que l'abolition de la propriété privée et le communisme des biens ne sont aucunement l'objet de leurs rêves. Ils aspirent à une amélioration de leur sort, à une augmentation du bien-être, à une diminution de plus en plus grande des fatigues du travail et de l'incertitude des résultats, à la sécurité du lendemain contre la maladie, l'infirmité, le chômage et la vieillesse, à un allégement et à une plus juste répartition des charges de l'impôt, à des réformes enfin plus ou moins clarifiées et formulées dans leur esprit, mais qui leur assurent plus de justice, d'égalité et de solidarité : voilà tout leur socialisme.

Quel catholique, animé vraiment du souffle divin de la fraternité chrétienne et de l'amour du prochain prescrit et pratiqué par Jésus-Christ, ne s'associerait de bon cœur aux aspirations générales de ce socialisme-là ? Qui se refuserait à « rendre pour tous les hommes le monde plus habitable par la disparition successive des iniquités sociales », comme s'exprime M. Millerand (1) ?

Que si l'on veut concrétiser ce socialisme *non communiste* dans quelques réformes précises, telles que la réglementation du travail en vue de le rendre plus humain et moins servile, le développement du régime syndical dans le sens de la justice sociale, de la solidarité et de la paix, l'amélioration continue du régime du salariat, le remaniement du système fiscal sur la base de l'impôt global et progressif, l'institution de caisses nationales d'assurances et de retraites, la réduction et la réorganisation du service militaire, ou même

(1) *Le Socialisme réformiste*, Paris, 1903.

le passage du régime actuel du salariat, que rien n'oblige à regarder comme définitif et absolu, à un régime *nouveau* plus égalitaire (1) : je ne vois rien en cela — à ne considérer que les réformes en elles-mêmes et à supposer qu'elles seront accomplies par des moyens conformes à la double loi de justice et d'amour fraternel — je n'y vois rien, dis-je, qui empêche un catholique d'en être partisan ; tout au contraire.

Parfois même, devant le public, il sera nécessaire de dire hautement que l'on est socialiste, lorsque le peuple n'attache à ce mot que le sens vague de grandes réformes sociales, et qu'en repoussant cette épithète on s'exposerait à se faire passer pour ennemi de la démocratie et de la classe ouvrière. Mais, en prenant cette qualité, l'on devra s'expliquer avec une entière franchise sur l'acception que l'on donne à ce terme ambigu, car c'est un devoir d'honneur et de loyauté de ne jamais se parer du plumage d'autrui. Il est cependant permis de se défendre contre la mauvaise foi d'adversaires qui ne rou-

(1) « Le socialisme veut que le salarié s'élève à la dignité d'associé... Le collectivisme proclame que le salariat ne sera pas plus éternel que ne l'ont été les modes antérieurs de la servitude et de l'exploitation humaine, qui se sont appelés l'esclavage et le servage. » (Millerand, *Le socialisme réformiste* et *Discours de Saint-Mandé*.) Il n'y a dans cette espérance et cette volonté rien de socialiste ni de collectiviste. Des sociologues catholiques avaient dit la même chose avant l'ancien ministre du cabinet Waldeck.

gissent pas d'en imposer au peuple en lui affirmant que les socialistes seuls veulent de larges réformes sociales. Prendre alors le titre de socialiste, c'est repousser un dommage injuste, un mensonge préjudiciable et forcer les mots à rester au service de la vérité.

Revenons maintenant à l'acception générale et première du mot « socialisme ». C'est à cause d'elle uniquement que se pose la question actuelle : Un catholique fidèle peut-il soutenir le communisme et l'abolition de la propriété privée ?

Je n'envisage pas cette question au point de vue économique et social, mais en théologien seulement, qui se propose de donner une consultation motivée sur ce point précis : Qu'est-ce qu'un catholique est libre de penser en matière d'opinions économiques qualifiées de « socialistes » ? Il va sans dire, on le verra bien, que je n'approuve pas tout ce que je déclare *théologiquement libre* pour un catholique.

II

Le socialisme communiste (1) se présente au monde des travailleurs comme la résul-

(1) La *Revue néo-scolastique* de Louvain a publié, en 1896 et 1897, une série d'articles sur le « socialisme scientifique ». Ce travail est très apprécié des socialistes eux-mêmes, je le sais. L'auteur est M. le professeur Van Overbergh.

tante à la fois logique et historique, et par conséquent légitime, de l'évolution politique, économique, philosophique et religieuse des sociétés modernes. Il est, nous assure-t-on, la forme sociale future, certaine et inévitable, de la démocratie républicaine, scientifique et libre penseuse. C'est le nouvel évangile de la vie humaine.

Voici l'esquisse, reproduite à grands traits, de ses origines historiques : d'une part, l'évolution de l'idée égalitaire, introduite dans l'ordre politique du gouvernement des peuples par quelques philosophes du dix-huitième siècle, donna naissance à la démocratie et à la république, et ouvrit accès dans les esprits au concept de l'égalitarisme économique professé par les communistes de l'époque du Directoire et de la première moitié du siècle suivant ; d'autre part, l'évolution économique, qui procède du développement des sciences de la nature et de leur application à l'industrie et au commerce, après avoir engendré le capitalisme, aboutit à la centralisation de plus en plus étroite et rapide des moyens de production et d'échange (1) ; d'où résulte aujourd'hui, si l'on veut affranchir les prolétaires « du joug de l'exploitation et de la tyrannie exercées

(1) L'idée collectiviste, a dit M. Millerand, est « la sécrétion du régime capitaliste ». (Discours de Saint-Mandé, le 30 mai 1896.)

par l'oligarchie capitaliste (1) », la nécessité d'abolir la propriété privée de ces « moyens de production et d'échange » et de lui substituer le communisme ; enfin, l'évolution du rationalisme de la Renaissance, et celle du libre examen opposé par la Réforme au magistère religieux de l'Eglise romaine, ont introduit dans la philosophie, dans la science, dans la morale et dans la religion, la méthode de la liberté de penser sans égard à l'autorité de la foi catholique ; méthode dont l'application aboutit au matérialisme, à l'athéisme, à l'irréligion, à l'antichristianisme, et par suite à une conception nouvelle de la vie humaine (2) et à une réorganisation de tout l'ordre social.

(1) Il y a d'autres moyens, et de meilleurs, d'« affranchir le prolétariat ». Je signale le développement de l'organisation syndicale et de la coopération prolétarienne, suivant l'esprit d'une sincère fraternité et d'une loyale solidarité. D'ailleurs il ne me semble pas du tout certain que la fonctionnarisation collectiviste du travail et des travailleurs soit un affranchissement véritable du monde ouvrier. Les preuves abondent de la tyrannie et de l'incurie des administrations bureaucratiques. Si jamais l'énorme machine sociale de la production et de la répartition, telle que nos plus modernes socialistes la conçoivent, était montée, et si la direction en était remise aux mains d'une majorité parlementaire comme celle qui légifère en France aujourd'hui, je me demande, passez-moi cette expression, quelle vie serait faite aux minorités électorales, quelle liberté leur serait laissée pour combattre leurs adversaires. Pourrait-on seulement faire imprimer à l'Imprimerie Nationale — il n'y en aurait pas d'autre — un journal antisocialiste, antiministériel ?

(2) « Le socialisme offre à notre appétit de justice et de bonheur un idéal *purement humain dégagé de tout dogme*, se séparant ainsi, sans confusion possible, du socialisme chrétien. » (Millerand, *Disc. de Saint-Mandé.*)

On voit ainsi, d'un coup d'œil, d'où le socialisme tire sa prétention d'être le terme inévitable de la marche victorieuse des idées et des faits, le fruit déjà près de mûrir du progrès de la pensée humaine, l'effet naturel du travail de l'esprit et des changements de l'ordre social, en un mot, le « grand collecteur » des divers courants qui de plus en plus emportent l'homme moderne loin du catholicisme, au souffle de la science pure et de la libre pensée.

Il me paraît inutile de discuter ici longuement ces ambitieuses prétentions du socialisme. Cet examen critique compliquerait sans besoin ni profit la difficulté de la question. Que le concept théorique de l'égalité de nature entre les hommes ait fini par engendrer la démocratie républicaine et l'égalitarisme économique ; que les progrès du capitalisme nous préparent la socialisation collectiviste des capitaux ; que le rationalisme ait ouvert les voies à l'athéisme matérialiste, au libéralisme de l'Etat, à l'anticléricalisme, au laïcisme, et rendu nécessaire, à titre de compensation de la foi et de l'espérance chrétienne perdues, une orientation nouvelle de la vie et un bouleversement du régime de la production et de la répartition des richesses : je n'ai point à m'en occuper ici. Il me suffit de faire remarquer que le désaccord du socialisme avec le catholicisme ne peut résulter ni du concept politique d'une démocratie républicaine, ni du libre emploi des méthodes philosophiques ou scientifiques dans les domaines qui leur sont propres, ni de l'utilisation croissante des forces de la nature se substituant à l'homme pour alléger et abréger sa peine dans toutes les branches du travail humain ; non plus, je l'ai déjà dit, que de la poursuite incessante de l'amélioration du sort des travailleurs par l'extension de plus en plus grande du règne de la justice et de la fraternité dans les mœurs et dans les lois. Rien de tout cela n'est contraire à la doctrine, aux institutions, à la pensée, à l'esprit de l'Eglise catholique.

Où donc serait le désaccord de ces doctrines ?

Il apparaîtrait sans nul doute au sujet des moyens d'exécution du programme socialiste, s'il était *essentiel* à ce système de se réaliser par des moyens révolutionnaires, violents et injustes. Mais il n'en est rien. Dès là, en effet, « qu'il est nécessaire et qu'il suffit au parti socialiste, nous assure M. Millerand (1), de poursuivre par le suffrage universel la conquête des pouvoirs publics » ; dès là « qu'une fois le pouvoir politique

(1) *Discours de Saint-Mandé.*

conquis », dit M. Gabriel Deville (1), on ne fera que « favoriser réellement l'évolution économique en cours, et la favoriser sans devenir l'artisan de la ruine et de la souffrance de ceux qu'elle atteindra » ; dès là que la socialisation pourra s'opérer sans violences et par « incorporation successive », affirme encore M. Millerand ; et cela, dit M. Gabriel Deville, au fur et à mesure seulement que le capital « aura acquis, comme appropriation ou comme exploitation, un caractère collectif » ; au fur et à mesure que « les moyens de production et d'échange deviendront mûrs pour l'appropriation sociale », comme s'exprime M. Millerand ; dès là que les moyens de la production sociale pourront être « rachetés », comme « s'opéra jadis le rachat des charges et des servitudes féodales », et cela du libre consentement des propriétaires, moyennant des titres garantis à des « parts de consommations », titres valables pour une quantité déterminée de produits et pour un nombre fixe d'années (2) : l'injustice et la violence ne sont plus inhérentes à la réalisation du socialisme. Sans doute, injustices et violences restent toujours à craindre, et sont même à prévoir, lorsque le prolétariat sera le maître de la

(1) *Principes socialistes.*

(2) A. Schaeffle. *La quintessence du socialisme.*

puissance publique ; mais il n'en faut pas moins reconnaître avec loyauté que le programme socialiste actuel ne les comporte pas nécessairement, et par suite, qu'il ne se trouve pas, sur ce point, en désaccord avec la doctrine catholique.

Où le désaccord éclate, c'est dans l'irréligion déclarée, active, violente, sectaire, dans l'antireligion du socialisme contemporain. Si le *vrai* socialiste doit être libre penseur en matière de croyances religieuses, c'est-à-dire rejeter la règle de foi de l'Église romaine ; s'il doit professer la double négation de Dieu et de l'âme ; s'il est tenu de concevoir la morale, la famille, la société et l'Etat, en dehors de l'idée de Dieu, et s'il ne peut admettre que la conscience religieuse doive jouir, dans la société socialisée elle-même, d'une complète liberté de vie et d'action : comment un catholique fidèle pourrait-il être socialiste ?
Mais une pareille irréligion est-elle bien de l'essence du socialisme ? est-elle inséparablement liée au concept communiste ?

III

Les socialistes, nul ne l'ignore, présentent leurs théories comme un bloc indivisible : à leurs yeux, elles forment un système qui embrasse tout le champ de l'activité humaine, non seulement dans la production et la répartition des richesses, mais encore dans l'organisation sociale tout entière, dans toutes les manifestations de la vie : dans les lettres, les arts, la politique, la philosophie, l'histoire et même la science, dont ils adoptent et s'assimilent avidement les doctrines, lorsqu'elles déploient le drapeau de la libre pensée et qu'elles affichent l'athéisme et le matérialisme.

Mais ne serait-il pas rationnel et scientifique de dégager de cet ensemble ce qui constitue l'idée-mère du système, en écartant les opinions que l'on y a jointes d'une façon plus ou moins arbitraire et qui ne sont pas indissolublement liées à la partie vraiment essentielle du socialisme ?

Il me semble que l'essence du socialisme, c'est d'être une doctrine communiste ayant pour objet d'organiser la vie économique de l'homme en société (1). Tout le reste, à savoir la politique, la philosophie, la science, la libre pensée, l'irréligion, lui serait extérieur et adventice. En effet, l'idée communiste, qui fait le fond du socialisme, ne suppose et n'im-

(1) « La question économique contient tout le socialisme... Le socialisme n'est que l'expression de la phase économique en cours. » (Gabriel Deville, *les Principes socialistes*.)

plique par elle-même ni une philosophie, ni une politique, ni une science déterminées, ni la négation absolue et *a priori* de toute autorité religieuse. Sans en appeler à ces écrivains qui, depuis Platon jusqu'à l'auteur du *Télémaque*, pour ne pas descendre jusqu'à nous, se sont divertis à montrer dans le communisme l'idéal de la vie sociale, qu'est-ce qui empêche de concevoir le régime de la communauté de biens dans une cité, chez une nation, en dehors de toute doctrine scientifique, religieuse ou politique ? Ce serait un simple procédé empirique d'économie sociale et d'organisation du travail, adopté à la suite d'expériences contraires et en vue d'obtenir de meilleurs résultats dans la production et la répartition des richesses. Point d'*a priori* philosophique d'aucune sorte. Sans doute les anciennes écoles socialistes prenaient pour point de départ de leurs conceptions chimériques une certaine philosophie et une certaine science, amalgamées de libre pensée plus ou moins pseudo-chrétienne (1) ; sans doute l'on voit aujourd'hui le socialisme soi-disant scientifique, dédaigneux de l'*a priori* et ne se prévalant que des phénomènes économiques, se lier étroitement à l'irréligion dans la philosophie, la science et la politique ; mais il n'en

(1) *Le droit des humbles* : étude de politique sociale, par Fidao. Librairie Didier, chez Perrin, 1904.

reste pas moins vrai, surtout au regard du socialisme positif et « scientifique » d'aujourd'hui, que l'idée communiste, fruit, nous dit-on, des changements survenus dans l'ordre économique, est en soi distincte et séparable de la libre pensée matérialiste et athée.

On lit à ce sujet dans la *Quintessence du socialisme :* « Le socialisme d'aujourd'hui est absolument irréligieux et hostile à l'Eglise. Il affirme que l'Eglise n'est qu'une institution policière aux mains du capital, qui déçoit le prolétariat au moyen d'une *traite sur le Ciel*, et que , par conséquent il faut quelle disparaisse. L'Eglise et toute religion quelconque sont détestées fanatiquement par beaucoup de socialistes... Mais *cette attitude n'est pas une conséquence nécessaire* du principe économique du socialisme, au moins en ce qui touche les institutions religieuses qui ne sont pas liées — (c'est le cas pour celles de France) — à des intérêts de classe. » Il s'ensuit que l'irréligion et l'antichristianisme ne sont pas essentiels à l'idée socialiste.

Quant à la théorie politique de la démocratie républicaine, il me paraît évident qu'elle n'est pas du tout inséparable du communisme. On conçoit, en effet, sans aucune contradiction logique, qu'une société communiste puisse être gouvernée par le despote le plus absolu ou par une oligarchie quelconque ; encore que les socialistes préfèrent un régime de suffrage universel, où le pouvoir doit, à la fin, appartenir fatalement aux masses prolétariennes.

Examinons, pour nous mieux convaincre, une bonne définition du socialisme scientifique, celle de M. le professeur Van Overbergh : « Le socialisme scientifique, dit-il, apparaît comme une sociologie matérialiste, évolutionniste, actionnée par la lutte des classes, et visant, en s'appuyant sur l'évolution du capitalisme, à établir, sous le régime du collectivisme, la forme de civilisation que comporte cette économie sociale (1). » Le point essentiel de cette définition c'est l'établissement du régime collectiviste. Or, ce régime n'est lié nécessairement ni au matérialisme ni à l'évolutionisme. La lutte des classes, tout comme la désappropriation individuelle des capitaux, constitue, non pas un principe théorique, mais un fait économique de la période capitaliste. Ce sont là des contingences historiques dont l'anticapitalisme collectiviste, pris en soi comme une réforme sociale économique, peut et doit être dégagé. Il en résulte que l'idée essentielle du socialisme se sépare et s'isole aisément, pour un sociologue, des erreurs antireligieuses et des violences révolutionnaires

(1) *Revue néo-scolastique* de Louvain, 1900. Art. sur « les Courants sociologiques du XIXe siècle ».

qui en sont la gangue impure et rebutante.

Arrêtons-nous donc en face du point essentiel des théories socialistes, qui est l'abolition de la propriété privée capitaliste. « N'est pas socialiste, à mon avis, » s'est écrié M. Millerand à Saint-Mandé, aux applaudissements de tous les socialistes, « quiconque n'accepte pas la substitution nécessaire et progressive de la propriété sociale à la propriété capitaliste. »

Un catholique peut-il accepter ce programme social (1) ?

IV

Nous avons dégagé le concept essentiel de l'anticapitalisme socialiste de tout l'alliage qui en peut être séparé : des antécédents his-

(1) M. Millerand a dit encore : « Voici les trois points essentiels qui sont nécessaires et suffisants pour caractériser un programme socialiste : *Intervention de l'Etat* pour faire passer du domaine capitaliste dans le domaine national les moyens de production et d'échange, au fur et à mesure qu'ils deviennent mûrs pour l'appropriation sociale — *Conquête des pouvoirs publics* par le suffrage universel — *Entente internationale* des travailleurs. » Un mot de critique seulement : 1° l'entente internationale des travailleurs est aussi légitime en principe que celle des capitalistes ; 2° légitime également, suivant le droit démocratique, la conquête pacifique et légale des pouvoirs publics ; 3° quant à l'intervention de l'Etat pour réaliser l'ap-

toriques, des procédés révolutionnaires de la mise en œuvre, et de toute libre pensée antichrétienne. Avant de pousser plus loin l'analyse et la précision de la pensée collectiviste actuelle, il est à propos d'entendre les enseignements antisocialistes du Saint-Siège.

Le socialisme a été condamné à maintes reprises par les Pontifes romains. Le 9 novembre 1846, dans l'encyclique *Qui pluribus,* Pie IX déclarait ce système « abominable, absolument contraire au droit naturel, subversif de tous les droits et des fondements mêmes de la société humaine ».

De nouveau, dans l'encyclique *Quantâ curâ* du 8 décembre 1864, il flétrissait « ceux qui enseignent et professent la très funeste erreur du *socialisme et du communisme,* d'après laquelle la société domestique de la famille tire du droit civil toute sa raison d'être, et qui fait dépendre de ce même droit tous les droits des parents sur leurs enfants, en particulier le droit de l'enseignement et de l'éducation ».

Le *Syllabus,* document célèbre — liste non pas de sentences d'*anathèmes,* mais simple-

propriation sociale, c'est le *but* lui-même, dans sa généralité absolue, sans parler des procédés possibles de réalisation, que je crois funeste à la société, toutes réserves faites en faveur des légitimes monopoles des communes et de l'Etat, lorsque l'intérêt public exige une appropriation communale ou nationale.

ment de propositions erronées — qui forme une sorte d'annexe de l'encyclique précédente, enveloppe dans un même paragraphe « le socialisme, le communisme, les sociétés secrètes, les sociétés bibliques » et certaines sociétés qu'il appelle « clérico-libérales » ; puis, avec la vivacité de style habituelle aux théologiens, il qualifie en bloc ces erreurs de « pestes », en rappelant qu'elles ont été maintes fois très gravement condamnées.

Léon XIII a gardé vis-à-vis du socialisme la même attitude que Pie IX. Dans son encyclique du 28 décembre 1878 sur « les erreurs modernes », il signale en premier lieu « la secte des socialistes, communistes, nihilistes », qu'il accuse d'avoir pour but de « renverser les fondements de toute société civile ». Voici les principaux griefs qu'il formule contre eux :

« Refus d'obéissance aux pouvoirs établis ; théorie de l'égalité parfaite des hommes en matière de droits et de devoirs ; rupture du lien sacré du mariage ; négation du droit naturel de propriété ; abolition des propriétés privées et communisme universel. »

Il montre l'origine de ces erreurs philosophiques, religieuses et économiques, dans le rationalisme qui a suivi la Réforme et dont les conséquences politiques, telles que le libéralisme et l'athéisme de l'Etat, devaient avoir pour terme, en vertu des progrès croissants de la libre pensée antireligieuse, le déchaînement de l'envie et de la haine des classes pauvres et laborieuses contre les classes riches, en vue de prendre sur la terre une égale part de jouissance et de bonheur.

De pareilles réprobations du socialisme se trouvent dans d'autres encycliques de Léon XIII, notamment dans celle du 15 mai 1891 sur « la condition des ouvriers ». La première partie de ce document pontifical est consacrée à la réfutation de l'erreur socialiste, d'après laquelle, y est-il dit, « toute propriété de biens privés doit être supprimée, les biens d'un chacun doivent être communs à tous, et leur administration doit revenir aux municipalités ou à l'Etat. » C'est en ces termes que le pape définit le socialisme qu'il combat : suppression absolue de la propriété privée et communisme universel, sous forme municipale ou sous forme nationale. A ce système il oppose ensuite les raisons que voici : 1° la propriété privée est le stimulant du travail et la récompense de l'épargne : l'abolir c'est retirer aux ouvriers la libre disposition des salaires et leur ôter l'espoir et la possibilité de s'élever à une meilleure condition ; 2° la propriété privée et personnelle est pour l'homme de droit naturel, car l'homme a le droit de s'assurer la sécurité du lendemain par l'appropriation des biens nécessaires, notamment par celle du sol qu'il féconde en le cultivant ; 3° la famille, l'avenir des enfants, exigent le droit au patrimoine, qui ne se conçoit pas sans la propriété privée ; 4° enfin, les effets du socialisme seraient funestes à la société : on verrait se produire une odieuse et insupportable servitude pour tous les citoyens, et naître des causes multiples et incessantes de jalousies, de mécontentements et de discordes ; il n'y aurait plus de stimulant au travail pour le talent, l'habileté et l'énergie de chacun (1) ; d'où résulterait une notable diminution dans la production des richesses ; de sorte qu'à la place de l'égalité promise et rêvée, ce serait le nivellement de tous dans l'indigence et la misère. Tels sont les motifs pour lesquels Léon XIII repousse et condamne le communisme socialiste.

On le voit donc, ce n'est pas seulement la partie anticatholique de la philosophie et de l'irréligion du socialisme qui a été condamnée par les papes en des actes répétés de leur magistère doctrinal, encore que ce ne soit

(1) D'après Schæffle *(la Quintessence du socialisme)*, la « question principale », la « question décisive » pour le socialisme, « c'est d'être en mesure de réaliser, au même degré ou à un plus haut degré, la *grande vérité psychologique* et la *fécondité économique* du principe individualiste, qui fait concourir l'intérêt privé à la production sociale ». A son avis, cette question ne serait « pas encore décidée », bien que ce soit d'elle que doive « dépendre le triomphe ou la défaite du socialisme ». La solution en est liée à la théorie de la valeur des produits du travail, l'un des points faibles du socialisme.

pas sous la forme rigoureuse des jugements *ex cathedrâ;* c'est en outre, la thèse économique communiste de la suppression de la propriété privée.

Le devoir du catholique fidèle apparaît donc clairement. Il ne peut approuver un pareil communisme.

V

Cependant il est juste et nécessaire d'examiner avec plus de soin le sens et la portée de ces condamnations pontificales.

Quelles sont exactement les erreurs sociales que Pie IX et Léon XIII ont frappées? Les formules employées par Pie IX sont générales et vagues: le socialisme y est déclaré « contraire au droit naturel, subversif de la société humaine » ; il y est accusé de prendre dans le droit civil le principe fondamental de la famille et de l'autorité familiale. Assurément le pape atteint par là des erreurs que des socialistes avaient enseignées, que l'on enseigne encore, et qui méritent la réprobation de l'Eglise. Mais sont-elles de l'essence même du socialisme, et peut-on dire qu'elles constituent ce système social ? Je ne le pense pas.

Léon XIII, en 1878, frappe en même temps et du même coup « le *socialisme,* le *commu-*

nisme et le *nihilisme* ». Ce sont là cependant des erreurs très différentes, opposées même sur plusieurs points, encore qu'elles aient des parties identiques. Le pape d'abord les qualifie, en bloc, de « subversives de la société civile ». Puis il s'explique en détail, et il les accuse de « refus d'obéissance aux pouvoirs établis, d'égalitarisme absolu, d'abolition du mariage, de négation du droit naturel de propriété et de communisme universel ». Voilà des accusations graves, méritées par des socialistes, communistes ou nihilistes, et qui justifient les sentences pontificales. Mais, encore une fois, ces erreurs sont-elles de l'essence du socialisme, et inséparables de l'anticapitalisme d'ordre exclusivement économique, qui fait tout le fond du collectivisme d'aujourd'hui ?

L'argumentation très précise de l'encyclique *Rerum novarum* vise directement l'anticapitalisme, qu'il définit « la suppression de toute propriété de biens privés, le communisme de tous les biens et leur administration par les communes ou par l'Etat ». C'est là un anticapitalisme *universel*, un collectivisme *absolu*, que les arguments de Léon XIII atteignent et frappent en plein. En effet, cette théorie abolit toute propriété individuelle, et ôte à l'homme le stimulant naturel du travail ; elle est en contradiction avec le droit naturel de propriété sur les produits du travail et sur l'instrument de la production ; elle menace l'existence et la stabilité de la famille, qui sont étroitement liées à la propriété privée ; enfin, l'organisation d'un pareil communisme aboutirait, si l'on en juge par les essais déjà tentés ou par les esquisses qu'on en a faites, à un grand désordre social, à la servitude des citoyens, à l'appauvrissement de la collectivité et à la misère commune. Toutes ces raisons ne manquent ni de force ni de justesse, et c'est à bon droit que Léon XIII a condamné l'anticapitalisme outrancier et sans mesure de beaucoup de socialistes contemporains.

Mais il se répand aujourd'hui un autre anticapitalisme, un autre collectivisme, tempéré, édulcoré, *embourgeoisé,* si l'on peut ainsi dire, qui n'est point universel ni absolu. Que valent contre lui les condamnations du Saint-Siège ?

Faisons d'abord une remarque générale. Si l'on n'envisage exclusivement que la partie économique du socialisme, à savoir le communisme ou collectivisme du capital, il apparaît que le dogme catholique n'est nullement en jeu dans cette question spéciale. Pas un seul article du *Credo,* depuis « je crois en Dieu » jusqu'à « la vie éternelle », ne se rapporte au droit de propriété, n'interdit le communisme et ne prescrit le régime des possessions privées. Mais il n'en est pas de même de la morale du Décalogue. La notion réelle du *tien* et du *mien* et l'appropriation particulière des choses terrestres y sont formellement supposées. Le respect du bien d'autrui s'y trouve ordonné et le vol défendu. La morale mosaïque et chrétienne, révélée de Dieu, affirme donc le droit de l'homme à la propriété privée et personnelle.

Ce n'est pas que la communauté des biens y soit absolument réprouvée et interdite. Chacun sait que la réalité d'un droit n'entraîne pas toujours l'obligation d'en faire usage. On y peut même renoncer parfois avec sagesse et générosité. Les premiers chrétiens, à l'exemple du collège apostolique, pratiquaient à Jérusalem un communisme volontaire. Et toujours, dans l'Eglise, l'idéal de la perfection évangélique, réalisé dans la vie religieuse, spécialement sous la forme communautaire ou congréganiste, a comporté le renoncement au droit de propriété, ou du moins au libre usage de ce droit. A ce point de vue, les congrégations religieuses forment de véritables collectivités communistes, devant lesquelles nos socialistes devraient être en admiration. L'abandon volontaire des biens terrestres, et du droit de propriété lui-même, a toujours reçu la louange et l'encouragement de l'Eglise catholique.

Si les socialistes n'avaient prêché qu'un communisme basé sur le libre choix des individus, sans y mêler aucune erreur de dogme ou de morale, ce rêve de songe-creux n'eût jamais sans doute attiré les foudres du Saint-Siège. Mais le socialisme se présente d'ordinaire sur le terrain économique avec un faisceau d'erreurs antisociales justement condamnées : théorie de l'égalitarisme, négation du droit naturel de propriété, priorité de l'Etat sur l'individu et sur la société domestique, faux concept du mariage et de la famille, etc. Cette philosophie, chacun le comprend, est un motif plus que suffisant des condamnations portées par les Papes.

Il en faut, dans la présente controverse, faire abstraction, parce que, non plus que l'athéisme matérialiste et l'antichristianisme, elle n'est essentielle au communisme collectiviste, qui pourrait être considéré, je l'ai dit plus haut, comme un simple procédé empirique de l'organisation du travail, et que ses fauteurs actuels regardent uniquement, disent-ils, comme la phase historique prochaine de l'évolution économique de nos sociétés (1). Voilà pourquoi il est juste et nécessaire, laissant de côté toute discussion philosophique, d'envisager en lui-même le programme socia-

(1) Gabriel Deville. *Principes socialistes.*

liste du « remplacement du capital *privé* par le capital *collectif* ».

Mais justifions d'abord les sentences papales.

Ce n'est pas sans raison que les Papes ont condamné le communisme socialiste, universel et absolu, que visent et qu'atteignent Pie IX et Léon XIII. Dès l'origine, en effet, la possession individuelle, non seulement des fruits, mais encore des instruments du travail, dont la terre est le premier, jointe à la faculté d'en disposer librement, apparut aux hommes comme le plus naturel et le plus efficace stimulant de l'activité humaine, car elle assurait d'abord au travailleur, la sécurité, l'indépendance et la dignité personnelle, et ensuite à sa famille, un foyer permanent et une condition meilleure. C'est ainsi que le progrès de la civilisation, fruit du travail, se trouva lié, dès le commencement, au droit de propriété. On peut constater encore aujourd'hui, par des comparaisons quotidiennes entre les résultats du travail que stimule l'intérêt personnel et ceux du travail indifférent à sa propre fécondité, lequel des deux est le plus productif et le plus utile pour la société elle-même. La supériorité du travail libre sur le travail de l'esclave ou du serf n'a pas, à parler en philosophe économiste, d'autre cause. Voilà pourquoi le régime communiste absolu, qui fonctionnariserait tous les travaux, qui réduirait tous les individus à la condition d'employés ou de salariés de l'Etat, qui ferait de toutes les branches de l'activité humaine des entreprises et des administrations publiques, aurait certainement pour effet d'amoindrir la productivité du travail, de diminuer par conséquent la somme des richesses sociales et d'appauvrir la collectivité. Ce rêve de félicité aboutirait, en fin de compte, à une trop réelle communauté de misère. Outre que ce régime collectiviste du travail, inséparable d'un système de direction et de gestion bureaucratiques, et par conséquent soumis à des chefs élus par les travailleurs, ne tarderait pas à donner au monde le triste et peut-être l'effroyable spectacle du despotisme dans l'anarchie : despotisme de bureaucrates de tout ordre, depuis le politicien jusqu'au surveillant d'atelier, sur les individus qui seraient leurs adversaires électoraux ; anarchie des compétitions électorales et des irresponsabilités personnelles dans le gouvernement et l'administration. On verrait l'individu devenir l'esclave de la collectivité, dont il dépendrait pour toutes choses ; et dès lors la machine sociale, dans laquelle il se trouverait pris tout entier, équivaudrait presque pour lui à la chiourme des anciens bagnes. La misère par les travaux forcés : voilà en fin de compte l'*Eldorado* socialiste !

Ce n'est donc pas sans de graves raisons que l'Eglise, qui doit aussi défendre et maintenir la civilisation chrétienne, a réprouvé ce chimérique système social, et l'on comprend sans peine que les Papes l'aient plusieurs fois condamné.

Mais la question posée reste tout entière : les condamnations pontificales frappent-elles le socialisme jusque dans les plus récentes théories du collectivisme scientifique ?

VI

J'ai entendu souvent des socialistes, parmi les plus instruits dans les doctrines de leurs diverses écoles et les plus influents de leur parti, affirmer que le pape Léon XIII n'avait point touché le point essentiel de leur système.

« C'est une erreur, disent-ils, de croire que le socialisme se propose d'abolir la propriété privée et d'instituer la communauté absolue de tous les biens nécessaires à la vie. Ce serait là, nous en convenons, supprimer le stimulant de l'activité humaine, appauvrir par conséquent la collectivité sociale, et restaurer sous une forme nouvelle un état réel de servitude, car la propriété privée est le seul garant et la mesure de la liberté des citoyens.

« Supprimer la propriété individuelle est une chose incompréhensible, » a écrit M. Millerand (1). Il avait dit à Saint-Mandé : « L'idée socialiste se résume tout entière dans la volonté énergique d'assurer à chaque être, au sein de la société, le développement intégral de sa personnalité. Ce qui implique nécessairement deux conditions, dont l'une est le facteur de l'autre : d'abord l'*appropriation individuelle* des choses nécessaires à la sécurité et au développement de l'individu, c'est-à-dire la *propriété ;* ensuite la *liberté,* qui n'est qu'un mot sonore et creux, si elle n'a point pour base et pour sauvegarde la propriété. »

« Le but poursuivi par le socialisme, dans cet ordre de choses, c'est uniquement la mise en commun ou l'appropriation collective des *moyens capitalistes* de la production et de la répartition des richesses, par exemple, du sol et du sous-sol, des usines et des machines, des chemins de fer et des cours d'eau, des matières premières et des entrepôts, des banques et des institutions de crédit, etc... Toutes ces choses doivent cesser d'être des propriétés personnelles et devenir la propriété de la collectivité, parce que, a écrit

(1) Le *Socialisme réformiste français,* 1904.

M. Georges Renard (1), « toutes ces choses donnent à ceux qui en sont les maîtres exclusifs la faculté de dominer, d'exploiter et de spolier les autres, » en les faisant travailler à l'aide de ces *instruments de travail*, et en vivant eux-mêmes oisifs d'une partie prélevée sur le produit de ce travail servile et mercenaire.

« Mais le socialisme n'entend pas du tout supprimer la propriété individuelle des biens qui sont consommés, en totalité ou en partie, par l'usage qu'on en fait, tels que la nourriture et le vêtement. Ces biens, en tant qu'ils sont les fruits du travail personnel et des objets d'usage personnel, doivent rester propriété personnelle.

« Dans la *Quintessence du socialisme,* Schaeffle s'exprime ainsi : « Le socialisme n'exclut ni la propriété en général, ni la propriété privée. Le collectivisme, il est vrai, veut la socialisation de tous les capitaux productifs, mais il ne supprime pas la propriété privée... Même la transmission héréditaire des moyens de consommation individuellement appropriés n'a rien qui soit incompatible avec le collectivisme. Le socialisme n'exige nécessairement ni la suppression de la propriété privée, ni le nivellement des

(1) Articles parus dans la *Petite République*, en réponse à M. Brunetière.

besoins... Donc, il n'est pas vrai que le collectivisme veuille abolir toute propriété, qu'il soit la négation pure et simple de la propriété ! Il repousse uniquement l'appropriation privée des moyens de production, et il veut y substituer la mise en propriété collective de ces moyens : biens-fonds, ateliers, machines, etc. La propriété privée des moyens de consommation ou de jouissance n'est pas ni ne peut être supprimée. Aucun socialiste contemporain n'est assez imbécile ni assez fou pour condamner l'appropriation privée et le libre emploi des moyens d'existence, tels que vêtements, mobiliers, livres, etc. »

« Il en sera de même, remarquez-le bien, pour les « moyens ou instruments de travail » qui ne sont pas capitalistes, par exemple, « la brouette du paysan ou l'aiguille de la ménagère », dit M. Georges Renard.

« Ainsi donc le socialisme actuel n'abolit pas absolument le *tien* et le *mien*, n'ôte pas toute garantie à la liberté individuelle, ne supprime pas totalement l'inégalité des fortunes, ni la distinction des riches et des pauvres ; il peut même admettre l'hérédité des biens consomptibles (1), dans la mesure où

(1) « La suppression du droit d'héritage pour l'individu et pour la famille n'est pas davantage une conséquence nécessaire du socialisme... Le principe du collectivisme laisse au droit d'héritage juste autant de place qu'à la propriété privée. » (A Schæffle. *La Quintessence du socialisme*.)

elle s'accorde avec la disparition du capitalisme et la fin de l'exploitation du travail d'autrui ; il ne prépare nullement le règne de l'éternelle servitude dans l'éternelle misère. Seuls les « moyens capitalistes de production et de circulation » doivent « revenir à une collectivité, qui peut être ou l'Etat ou la commune ou une simple association, » comme l'a déclaré M. Georges Renard.

« Quant aux conséquences de cette socialisation, voici les principales suivant le même auteur : « La quasi égalité économique des membres de la société ; l'abolition de l'odieuse division qui les sépare en possédants et en non-possédants, en riches et en pauvres » — sauf, il va sans dire, les inégalités inévitables de fortune en biens consomptibles qui résulteront des inégalités naturelles en force de travail, en capacité de production et d'épargne et en valeur morale (1) — « l'abolition de l'odieuse division en laborieux et en oisifs, en parasites

(1) On appelle *classes,* suivant Littré, « les rangs établis parmi les hommes par la diversité et l'inégalité de leurs conditions de fortune ». Le sens de ce mot ne se trouvera-t-il pas vérifié dans la société collectiviste ? D'après A. Schæffle, « les classes sont des stratifications, des courbes sociales, fondées sur les différences de grandeur et d'espèce de la propriété ou sur le fait de la propriété et de la non-propriété. » Or il semble bien que le régime du collectivisme mitigé laissera subsister ces différences. Le mot « classe » est imprécis et donne lieu à des malentendus.

privilégiés vivant du travail présent ou passé accompli par d'autres, et en prolétaires réduits pour vivre à louer leur force et leur intelligence ; l'héritage restreint aux objets d'usage personnel ; le même point de départ assigné à tous les enfants (sauf les différences provenant des héritages) ; la même possibilité donnée à tous de développer dans leur plénitude et leur diversité les aptitudes reçues de la nature, etc... » Voilà le socialisme d'aujourd'hui, que Léon XIII ne vise pas et ne paraît pas atteindre. »

Ainsi m'ont parlé maintes fois plusieurs socialistes de marque. L'auteur chrétien, et point socialiste, de *la Quintessence du socialisme,* A. Schæffle, répond en ces termes aux mauvaises réfutations de cette doctrine : « Il n'est pas vrai que le socialisme condamne toute propriété ; il n'est pas vrai qu'il veuille l'abolition absolue de la propriété privée ; il n'est pas vrai qu'il veuille se passer de moyens de production, qu'il doive supprimer le capital, au sens technique du mot ; il n'est pas vrai qu'il détruise la grande production ; il n'est pas vrai qu'il soit nécessairement matérialiste et qu'il n'admette aucune discipline ; il n'est pas vrai qu'il supprime la famille et l'héritage ; il n'est pas vrai qu'il dénie absolument le libre choix du domicile et le libre choix des professions ; ni qu'il condamne la libre détermination des besoins individuels, la liberté de la vie privée, et toute liberté d'association ; il n'est pas vrai que le socialisme soit nécessairement antinational et cosmopolite... ; il n'est pas vrai qu'il anéantisse la liberté de l'individu, et qu'il soit, par conséquent, hostile à toute civilisation et à toute liberté... ; il est également injuste de prétendre que le socialisme réalisera le despotisme de l'Etat... ; enfin il est faux de dire que l'anarchisme politique est la conséquence logique du socialisme (1). »

Après avoir entendu ce critique, on ne saurait contester que la remarque des socialistes ne soit juste en partie. Pie IX et Léon XIII se sont prononcés avec raison pour certains principes de droit naturel et divin, mais ils n'ont jamais fait, que je sache, la distinction très importante, que s'impose le socialisme d'aujourd'hui, entre les fruits du travail personnel ou les biens *consomptibles* par l'usage, d'une part, et d'autre part, les *moyens capitalistes* de production et de répartition. Or, à la rigueur, cette distinction pourrait suffire à sauvegarder les principes. Il en résulte logiquement que la force de quelques-uns des arguments antisocialistes s'en trouve émoussée.

C'est ainsi qu'il ne suffit plus de rappeler

(1) *La Quintessence du socialisme,* chap. IX.

ou de démontrer le droit naturel de propriété en général. Les socialistes ne le nient pas, puisqu'ils admettent la propriété individuelle des « biens consomptibles » et des moyens *non capitalistes* de production, ainsi que la propriété privée des associations corporatives. Il ne suffit pas davantage maintenant de prouver que ce droit naturel peut et doit embrasser jusqu'aux « moyens capitalistes » eux-mêmes ; cela toucherait peu les socialistes de l'école de Marx que l'*a priori* philosophique ne préoccupe guère et qui admettent la propriété corporative capitaliste. Il faudrait en outre, et surtout, démontrer que la société n'aura jamais le droit, dans n'importe quelle hypothèse économique, et pas même en vue du bien public, d'imposer aux citoyens une renonciation à ce droit primordial ; car c'est uniquement de cette espèce de raison d'Etat que se réclame le *droit nouveau* collectiviste (1).

On doit convenir encore qu'un stimulant réel et point inefficace du talent et de l'habileté de chacun, ainsi qu'une récompense très appréciable de l'épargne, pourrait se trouver dans la propriété personnelle et dans l'hérédité des biens privés, consomptibles ou non

(1) « Une nouvelle forme de production peut être proclamée par le peuple comme un nouvel état de droit... Le capitaliste s'inclinera devant le *droit nouveau* proclamé par la majorité du peuple. » (A Schaeffle. *La Quintessence du socialisme.*)

capitalistes ; et par suite le patrimoine, l'indépendance et l'avenir de la famille seraient maintenus et garantis dans une certaine mesure.

L'on peut aussi concevoir aisément l'intérêt qu'auraient les travailleurs à accroître la production de la richesse publique ; et ainsi disparaît la menace de l'appauvrissement national et du nivellement de tous dans la misère commune.

Il est donc juste, en présence de ce collectivisme « bourgeois », d'apporter des restrictions aux arguments de Léon XIII. Ce n'est pas ce socialisme que visaient les Papes, au point de vue économique. Rien d'étonnant à ce que leurs traits ne l'atteignent pas. Léon XIII, il est vrai, revendique expressément le droit naturel de l'homme à la propriété personnelle du sol cultivé par lui ou acheté avec les fruits de son travail et de son épargne, ainsi que le droit d'en faire hériter ses enfants. Mais le collectivisme mitigé reconnaît l'un et l'autre droit, dans la limite où leur exercice n'engendre pas l'exploitation capitaliste. L'argumentation et la pensée de Léon XIII vont-elles au delà, exigent-elles davantage ? Il n'apparaît point.

Naguère, dans un *Motu proprio* du 18 décembre 1903, Pie X enseignait en termes exprès que « l'homme a sur les biens de la terre non seulement le simple usage, mais encore le droit de propriété ; non seulement sur les choses qui se consument par l'usage, mais aussi sur celles que l'usage ne consume pas » ; il ajoutait que « la propriété privée, fruit du travail ou d'autre cession ou donation est un indiscutable droit de nature et que chacun en peut à son gré disposer raisonnablement ». Mais ce droit de propriété sur les biens consomptibles et sur certains autres qui ne se consument point par l'usage, tels que les moyens « non capitalistes » de production ; et cette propriété privée diversement acquise, avec le droit d'en disposer raisonnablement : le socialisme *modéré* les proclame très haut et se défend de vouloir en dépouiller personne.

D'où il apparaît que les condamnations pontificales ne portent pas contre le socialisme le plus récent, qui restreint aux seuls « moyens capitalistes », proprement dits, l'abolition légale, pacifique, équitable et progressive de la propriété privée individuelle et l'institution de la propriété collective.

Mais poussons plus avant l'analyse du concept anticapitaliste, et faisons mieux ressortir la pensée des socialistes au sujet de cette atténuation si considérable du communisme d'autrefois.

VII

Deux points restent à éclaircir : quelles seront les *collectivités propriétaires,* et comment se fera la classification des biens en « consomptibles » et en « capitalistes » ?

Premier point : à quelle collectivité pourront appartenir les « moyens capitalistes » de production et de répartition ? Dans le système de M. Georges Renard, cette collectivité serait triple : « l'Etat, la commune, une association. » Ainsi donc le socialisme de M. Renard admet trois sortes de propriétaires collectifs pour ces « moyens d'exploitation » qui, sous le régime capitaliste, permettent à un homme « d'en faire travailler un autre à sa place et à son profit ». Et au nombre de ces collectivités propriétaires se trouve « l'association » des citoyens.

Il ne m'appartient pas de décider si M. Renard est, sur ce point, l'interprète fidèle de la pensée socialiste. Suivant Schæffle, dans la *Quintessence du socialisme,* tout le système tient en ceci : « Les moyens de production, en tant qu'ils sont la base fondamentale du travail collectif, doivent devenir la propriété collective — *nationale* ou *communale* — du corps social de la production. »

Il semble, d'après ce texte, qu'il n'y ait point de place, dans le vrai socialisme, pour la propriété collective d'une association quelconque. M. Millerand, dans le fameux *Discours de Saint-Mandé,* donne pour caractéristique essentielle du socialiste, d'accepter « la substitution de la propriété *sociale* à la propriété capitaliste ». Or la propriété capitaliste d'une association de citoyens ne me paraît pas constituer une « propriété sociale ». M. Gabriel Deville, dans ses *Principes socialistes,* repousse non seulement la propriété corporative, mais encore la propriété communale. « Les inconvénients de la propriété individuelle se retrouveraient, dit-il, dans la propriété communale, et aussi dans la propriété corporative, à cause des partages inégaux qui en seraient la conséquence, de la productivité différente des moyens de production, etc. Que la lutte s'engage entre communes et communes, corporations et corporations, ou entre patrons et patrons, il y aura inégalité entre travailleurs fournissant une même somme de travail et concurrence ruineuse. Ce serait, sous une autre forme, la continuation de la société présente (1). » Mais que

(1) Je ne contredis pas à la critique que fait ici M. Deville. Cela m'importe peu. Mais, dans le système de la capitalisation nationale, évitera-t-il « toute inégalité entre travailleurs fournissant une même somme de travail » ? J'en doute, s'il veut maintenir le jeu nécessaire de l'intérêt privé dans la production et quelque stimulant efficace du talent de chacun. Outre que le

nous importent ces divergences entre socialistes ? Arrêtons-nous à l'opinion spéciale de M. Renard (1).

C'est un point de grande conséquence que d'admettre, dans la société socialisée, des associations propriétaires de capitaux, des propriétés corporatives. En effet, dès lors que des citoyens « associés » auront le droit de posséder en propre leurs instruments de travail, à savoir « le sol et le sous-sol, les usines et les machines, les chemins de fer, les matières premières et les entrepôts, les banques et les institutions de crédit » etc., encore que ces associés doivent être tous des travailleurs effectifs, il s'ensuit que, en dehors de la propriété communale et de la propriété nationale, il existera, dans la société socialisée, une véritable propriété privée capitaliste, à forme impersonnelle et collective sans doute, mais « privée » tout de même, comme l'est aujourd'hui celle des associations coopératives ouvrières. Ce socialisme *modéré* ne prétend donc abolir et interdire que la propriété privée *individuelle* des « moyens capitalistes ». Il en résulte que la propriété privée

système de la production nationale doit certainement rendre la liberté individuelle plus difficile à sauvegarder.

(1) On m'a affirmé que telle est l'opinion d'un assez grand nombre de néo-socialistes qui sont préoccupés de sauvegarder les droits de la liberté individuelle.

pourra s'étendre au delà des biens consomptibles et des moyens non capitalistes ; elle englobera, par l'entremise de l'association ou de la corporation, les « moyens capitalistes » eux-mêmes.

Est-il besoin de dire ici que ni le droit naturel ni la doctrine catholique ne s'opposent à ce que l'Etat et la commune soient propriétaires de « moyens de production et de circulation » ? Dès à présent l'Etat possède ses biens domaniaux, ses collections diverses, musées et bibliothèques, sa frappe des monnaies et médailles, ses arsenaux, son imprimerie nationale, ses manufactures de poudre, de tabac et d'allumettes, ses routes, ses chemins de fer et ses canaux, son monopole des postes, télégraphes et téléphones, ses établissements d'eaux thermales et ses maisons hospitalières ; en attendant qu'il se substitue aux compagnies de transports et aux sociétés minières, et qu'il accapare l'industrie de la rectification, peut-être même de la production et de la vente de l'alcool. N'a-t-on pas, à propos de grèves récentes, parlé de créer une « marine marchande d'Etat » ! Les communes, de leur côté, sont déjà propriétaires de biens-fonds et d'immeubles, d'entreprises de transports, de fournitures d'eau et d'éclairage, de routes et de divers services industriels ou commerciaux.

Je n'ai pas à me prononcer ici sur l'*utilité* de ce genre de propriété collective, nationale ou communale. Si elle est nécessaire dans certains cas, on peut soutenir que, dans nombre d'autres, la propriété et l'industrie privées seraient plus avantageuses. La seule chose à remarquer en ce moment, c'est qu'il n'y a aucun principe de droit naturel ou de droit positif divin engagé dans cette question qui est tout entière d'ordre économique.

Je constate donc que l'Eglise, qui d'ailleurs est elle-même, depuis vingt siècles — les socialistes lui en font un crime — un grand propriétaire collectif, ne repousse pas le principe de la propriété communale ou nationale des « moyens capitalistes », tandis qu'un certain socialisme modéré admet des collectivités propriétaires de « capitaux », en dehors de la commune et de l'Etat.

Ce n'est pas tout, et il faut remarquer ici une chose très importante relativement à ce droit de propriété privée corporative admis par quelques socialistes. Rien n'est déterminé, dans cette théorie de l'association capitaliste, quant à l'attribution des biens qui doivent être possédés collectivement ; il n'est rien prescrit au sujet de la répartition des « moyens de production sociale » entre les collectivités privées, l'Etat et la commune. Chacun peut donc, d'après ses idées personnelles, restreindre ou étendre plus ou moins les droits respectifs de ces trois propriétaires ; de sorte que la part de la propriété privée corporative sera peut-être, dans la société ainsi socialisée, supérieure à celle de la propriété nationale ou municipale.

Second point. Au sujet de la classification des biens en « consomptibles » et en « capitalistes », une remarque préliminaire s'impose ayant trait à la propriété personnelle des biens consomptibles qui sont « objets d'usage personnel et fruits du travail de l'individu. » M. Georges Renard admet l'hérédité des biens de ce genre. Il s'ensuit que la propriété n'en sera pas absolument restreinte aux seuls fruits du travail individuel. Les héritiers posséderont aussi les produits du travail et de l'épargne des testateurs. De même, l'expression d'« usage personnel » ne saurait être exclusive de l'usage *familial,* si l'on peut ainsi dire. Les socialistes, en effet, ne veulent pas supprimer le foyer domestique ni décharger le père du devoir naturel de fournir par son travail aux besoins de sa femme et de ses enfants. « A la question de savoir si l'abolition du mariage indissoluble, de l'éducation familiale et du droit familial d'héritage, sont ou ne sont pas des postulats essentiels du socialisme, dit A. Schaeffle, il faut répondre négativement (1). » Donc l'usage des biens consomptibles n'est pas exclusivement réservé au travailleur lui-même. Du reste, l'hérédité possible de ces biens suppose sans nul doute qu'ils ne doivent pas être nécessairement consumés pour l' « usage personnel » de celui qui les a gagnés.

Mais que faut-il entendre au juste par « biens consomptibles » ? Ce sont ceux, dit M. Georges Renard, « dont on ne peut user sans les détruire en totalité ou en partie » ; par exemple, la monnaie ou moyen d'échange, quel qu'il soit, les aliments, les vêtements. D'après le même écrivain socialiste, on doit comprendre dans cette catégorie de biens « toutes les choses qui ne donnent pas à leurs possesseurs la faculté de dominer, d'exploiter, de spolier les autres ». C'est ainsi que « la brouette du paysan et l'aiguille de la ménagère » ne sont évidemment pas des « moyens capitalistes de production et de circulation ». Parmi les biens consomptibles on énumère encore « les chevaux, les œuvres d'art, etc. »

On peut croire que l'habitation est un bien du même ordre, ainsi que les instruments du travail individuel, ceux qui forment l'outillage personnel du petit artisan ou du petit

(1) *La Quintessence du socialisme.*

cultivateur. En effet, la charrue, le chariot, la carriole et le char-à-bancs ne sont pas plus que la brouette, la pioche, la fourche et le râteau, des « moyens capitalistes » ; les animaux domestiques nécessaires au travail ne sont pas moins « objets d'usage personnel » que les chevaux et les œuvres d'art ; et la machine à coudre, est, pour sûr, aussi peu « capitaliste » que l'aiguille.

Mais le champ que l'homme cultive avec sa famille, et d'où il tire sa subsistance et celle des siens, sera-t-il compté parmi les « moyens capitalistes » ou parmi les « biens consomptibles » ? Les programmes socialistes agraires des récents congrès admettent la petite propriété terrienne. A Marseille, en 1892, M. Paul Lafargue disait : « Les communistes ne songent pas à nationaliser la petite propriété ; ils ne veulent nationaliser que la propriété foncière déjà centralisée (1). » M. Gabriel Deville en donne la raison : « Là où des moyens de travail se trouvent encore sous la forme d'appropriation réellement individuelle, c'est-à-dire, entre les

(1) *Revue néo-scolastique* de Louvain, année 1896 : Art. sur « le socialisme et la question agraire ». — Extrait des considérants du programme agricole élaboré par le congrès national de Marseille (1892) et complété par le congrès national de Nantes (1894) : « Le devoir non moins impérieux du socialisme est de maintenir en possession de leurs lopins de terre, contre le fisc, l'usure et les envahissements des nouveaux seigneurs du sol, les propriétaires cultivant eux-mêmes. »

mains de qui les met directement en œuvre, la société n'a pas à prendre la place des propriétaires actuels... Aussi le paysan conservera le lopin de terre qu'il possède et qu'il cultive, et le petit industriel son petit instrument de travail, tant que les faits ne les auront pas conduits à renoncer volontairement à une ingrate appropriation privée (1). »

Selon M. Renard, la seule propriété individuelle abolie par le socialisme, c'est la propriété qui « produit automatiquement rente ou intérêt et qui permet au propriétaire de rejeter sur autrui le fardeau du travail », car ce capitaliste peut ainsi, sans rien faire, vivre de la part prélevée sur le travail des autres. En supprimant cette propriété le socialisme ne ferait que purger le corps social de tous les oisifs improductifs et parasites. Or la loi chrétienne condamne, elle aussi, le parasitisme ; et, devant elle, le régime de la possession privée des richesses productives de revenus ne se justifie que par les services supérieurs que les propriétaires doivent rendre à la société qui les nourrit.

Ces éclaircissements donnés, quelle est la conclusion qui s'en dégage ? Si je ne me trompe la doctrine de M. Renard sur les *trois* collectivités capables d'être propriétaires

(1) *Principes socialistes.*

et sur la distinction entre les « biens consomptibles » et les « moyens capitalistes », supprime, aux yeux d'un théologien, toute contradiction formelle entre les enseignements des papes et ce socialisme réformiste au sujet du droit de propriété privée. En effet, d'une part, ces socialistes admettent le droit naturel de l'homme — le prélèvement nécessaire pour les charges sociales étant opéré — à l'équivalent du produit de son travail, ainsi qu'à la propriété personnelle, y compris l'hérédité, d'une certaine somme de biens qualifiés de « consomptibles » et de « moyens non capitalistes », dont la nature reste mal définie ; ils reconnaissent, en outre, que les « moyens capitalistes » peuvent être la propriété privée, quoique collective, de certaines associations corporatives ; et nul théoricien ne saurait dire quels « moyens capitalistes » doivent nécessairement devenir la propriété de l'une plutôt que de l'autre des collectivités capables de posséder.

D'autre part, les catholiques ne nient pas du tout qu'il y ait parfois nécessité ou utilité publique à ce que les communes ou la nation deviennent propriétaires et chefs d'entreprise, même avec monopole ; ils ne soutiennent pas non plus qu'il soit contraire au droit naturel ou au droit divin de rendre propriété collective de l'Etat, de la commune ou d'une corporation de travailleurs, certains « moyens capitalistes » qui fonctionnent aujourd'hui : par exemple, les chemins de fer, les mines, les raffineries de pétrole ou de sucre, les distilleries d'alcool, etc. Ce sont là des questions pratiques, des affaires à régler uniquement d'après des considérations d'intérêt public. La verrerie ouvrière d'Albi est une propriété collective aussi légitime que celle de n'importe quelle société par actions, comme le serait un entrepôt quelconque possédé et géré par une collectivité de travailleurs. Nul article de foi, est-il besoin de le dire ? ne s'oppose à ce que la Banque de France, par exemple, soit, un jour prochain, de même que les chemins de fer, rachetée par l'État.

Allons jusqu'au bout. Quel est le principe justificatif et directif de la désappropriation et de la socialisation, communale ou nationale, des biens particuliers ? C'est l'intérêt général du peuple : la socialisation est légitime lorsqu'elle devient nécessaire à la sauvegarde de l'intérêt social, au fonctionnement de la vie nationale (1). Eh bien, cette maxime de bonne économie politique, en quoi donc estelle contraire à la doctrine de l'Eglise ?

En outre, les catholiques, plus encore que les socialistes, condamnent, je le répète, le parasitisme social.

(1) Décl. des droits de 1793, art. 19 ; — 1791, art. 17.

Où donc se trouve la contradiction entre la doctrine catholique et le collectivisme mitigé à la façon de M. Georges Renard ? Pour moi, je n'en vois point de formelle, de logique, de théologiquement condamnable. Sauf apparaît, en effet, le droit naturel de propriété privée en général ; sauf, le droit naturel de propriété des fruits du travail, des moyens individuels et familiaux d'existence, et des instruments personnels de la production, le sol compris ; sauf encore, le droit de propriété privée des « moyens capitalistes », sous la forme corporative ; sauf enfin, le droit naturel de disposer raisonnablement de ses biens.

La contradiction serait-elle dans la restriction que ce collectivisme apporte au droit de propriété privée individuelle en ce qui concerne les « moyens capitalistes » proprement dits ? Mais, à mon avis, cette restriction ne contredit — au sens théologique de ce mot — aucun enseignement donné par les Papes ; car d'après certains, elle pourrait se justifier, sans aucune négation théorique du droit naturel de propriété, chrétiennement entendu, par une simple nécessité économique d'intérêt général et une sorte de raison d'Etat (1).

(1) Voir, dans *Papes et paysans* de M. Gabriel Ardant, de quelle manière certains Papes ont apporté des restrictions effectives au droit de propriété des possesseurs capitalistes de *latifundia*.

Elle sera, si l'on veut et j'y consens, anti-sociale, impolitique, dangereuse ; tout ce que j'affirme à cette heure, c'est qu'elle ne semble pas être, à parler en rigueur théologique, formellement et absolument contradictoire à la doctrine pontificale.

Je veux cependant combattre sur ce point spécial, mais en sociologue et non en théologien, le collectivisme mitigé de M. Renard. Suivant lui, pour obéir à la loi d'évolution et de progrès économique, il faut abolir toute propriété individuelle permettant au détenteur de vivre du travail des autres, sans avoir besoin de gagner lui-même sa vie par un travail personnel. Quant à moi, tout en prescrivant le travail, au nom de l'Eglise, comme une loi naturelle et divine, tout en réprouvant le parasitisme et la fainéantise, je pense que la propriété « capitaliste » individuelle, qui donne les moyens de vivre sans travail rémunéré ou salarié, se légitime, en tant qu'institution sociale, par l'intérêt même de la société et par les services, non rétribués, que doivent rendre ses possesseurs au peuple et à l'Etat.

Ni le dogme, ni la morale de l'Eglise ne se trouvent, à mon avis, engagés dans cette question, où la religion et le droit naturel ne sont pas en cause. Il s'agit seulement de savoir, si, dans l'état présent de l'évolution économique et de la production des richesses, l'intérêt général, le bien commun de la société justifierait cette restriction légale du droit naturel de propriété privée. Les restrictions de ce genre abondent dans nos lois ; elles sont une conséquence et une nécessité de la vie sociale. A celles que nous subissons déjà, mais dont nous bénéficions aussi, faut-il ajouter cette restriction anticapitaliste ? M. Renard et les socialistes répondent : oui ; beaucoup d'autres sociologues, sans être libéraux et individualistes, répondent : non.

De ces deux opinions contraires, quelle est celle qui paraît conforme à la justice, en même temps qu'à la loi du progrès social et au bien commun de la collectivité humaine ?

VIII

Le progrès normal de l'organisation économique de la société consiste, me semble-t-il, à diminuer autant que possible, d'un côté, la misère, et de l'autre, le parasitisme. Plus de fainéants et plus de miséreux : bel idéal sans nul doute ! Mais quelle chimérique illusion d'espérer de le réaliser jamais ! Hélas ! il n'est que trop vrai : « Il y aura toujours des pauvres parmi nous, » qui attendront le bienfait de l'aumône ; de même que se perpétuera toujours la race parasitaire des individus ayant en horreur le travail utile et productif. Mais l'idéal demeure quand même. Si donc quelque moyen était proposé, qui fût propre à tarir une source quelconque de l'un ou de l'autre de ces vices sociaux, les catholiques n'auraient assurément aucune bonne raison de le combattre.

Les socialistes disent : « La propriété capitaliste individuelle, voilà d'où proviennent le parasitisme des uns, et, en grande partie, la misère des autres. Il faut donc abolir, dans l'intérêt de tous, ce genre de propriété. »

Eh bien, est-il exact que la propriété individuelle des « moyens capitalistes » soit *par elle-même* une cause fatale de parasitisme humain, au lieu d'être un élément naturel de progrès et de prospérité sociale ? C'est le nœud de la question. Je prie le lecteur de remarquer qu'il ne s'agit pas ici des individus qui composent, à l'heure présente, cette catégorie de propriétaires ; il s'agit uniquement de ce *genre capitaliste* de propriété. En d'autres termes, j'envisage l'*institution* en elle-même, et nullement les personnes qui en bénéficient ; comme je parlerais de l'armée, sans considérer les unités militaires, ou de la magistrature sans regarder les juges ni les procureurs. La question est celle-ci : la propriété capitaliste personnelle est-elle avantageuse à la société ?

Les besoins de l'homme ne se limitent pas à la nourriture, au vêtement et à l'habitation. Par suite, l'utilité sociale du travail n'est pas mesurée à la seule satisfaction de cette triple nécessité de la vie corporelle. A ne regarder même que cette vie-là, personne, je pense, ne se propose de restreindre la fécondité du travail à la production et à la répartition des seules choses indispensables pour subsister ; personne ne prétend interdire le superflu, ce condiment si agréable et si nécessaire de l'existence, ni le luxe, qui en fait le charme et la joie. L'accroissement du bien-être matériel, en quoi l'on fait consister, pour une grande part, le bonheur de notre vie terrestre, voilà même en premier lieu, si je ne me trompe, l'objet et le but de l'économie socialiste.

Mais la vie de l'esprit, de la sensibilité, de l'intelligence, de la raison, du cœur et de la volonté, a des besoins non moins étendus, non moins impérieux ; et là aussi, sans nul doute, il y a large place, après le nécessaire, pour le superflu et pour le luxe, dans les lettres, les sciences et les arts, et dans tout ce qui a trait à nos relations avec nos semblables. Le besoin religieux des âmes croyantes n'a pas de moindres exigences que les autres besoins moraux. Enfin le gouvernement d'une société civilisée requiert le travail et les services d'un grand nombre de citoyens. Voilà le champ immense de l'activité humaine.

Eh bien, parmi ceux que les socialistes ont coutume de regarder comme des parasites du corps social, à cause qu'ils ne font rien qui soit payé et rémunéré et qu'ils vivent sans gagner leur vie, est-ce que le plus grand nombre ne contribue pas, en quelque manière et dans une certaine mesure, à satisfaire quelque besoin de la collectivité humaine, en lui rendant quelque service ? Je n'entreprendrai certes pas de justifier l'existence de chacun, et de soutenir qu'il n'en est point qui manquent à leur devoir social. Mais j'ose dire que les hommes complètement inutiles à la société qui les nourrit, sont beaucoup plus rares que les socialistes ne le prêchent à la foule des salariés. Je ne parle pas seulement des patrons et des chefs d'entreprise, dont le travail est aussi nécessaire et aussi productif, on ne saurait le nier, que celui de leurs ouvriers ou de leurs employés ; ni de ces riches qui, bien dotés de la fortune, s'adonnent, par devoir ou par goût, soit à quelque profession libérale, soit à des travaux dont la société tire un visible avantage ; ni des grands propriétaires terriens, qui peuvent rendre à l'agriculture tant de services, et dont l'action sociale, en même temps que l'influence morale et politique, devrait s'exercer sur tout le territoire, afin de diriger, d'éclairer, de relever le peuple, et d'améliorer son sort : est-il travail plus utile au progrès croissant de la collectivité entière dans la justice et la solidarité ? L'utilité sociale de cette catégorie de capitalistes est évidente pour tout homme de bon sens et de bonne foi.

Je parle aussi de ces riches, qui paraissent oisifs, parce qu'ils ne sont à la tête d'aucun travail, d'aucune affaire, et qu'ils ne vivent que de revenus produits par d'autres. Combien d'entre eux néanmoins se rendent utiles à la culture *sélective* de la société et contribuent peu ou prou à sa vie supérieure, qui est celle de l'esprit et de l'âme ? Ils la polissent, ils l'affinent, ils l'attirent et l'entraînent vers un plus haut degré de civilisation ; ils l'élèvent en lui donnant le spectacle d'un milieu cultivé qui excite et développe la volonté d'y parvenir ; ils stimulent les lettres et les arts de mille manières ; ils jouent enfin, dans le corps social, le rôle de l'imagination esthétique et du sentiment du beau dans l'activité humaine. N'est-ce pas là un service éminent rendu à la collectivité ? Certes, je ne saurais assez le répéter : le parasitisme personnel est absolument condamnable, et je ne voudrais pas un seul oisif, parmi les individus valides, dans la société humaine. Mais il est injuste de traiter en parasite quiconque ne travaille pas pour gagner sa vie, lorsqu'en échange de cet avantage il paie sa dette sociale par des services d'une incontestable utilité.

Au nombre de ces services ne doit-on pas compter, au bénéfice de la classe riche, celui de remplir dans la machine sociale, par son poids et son tempérament conservateur, le rôle indispensable du serre-frein qui modère l'élan, règle la vitesse, empêche les catastrophes ? Le progrès social ne saurait être sans péril abandonné à la conduite de ceux qui aspirent à des changements profonds et ne songent qu'à révolutionner le peuple et l'Etat. L'intérêt public demande plutôt que le mieux se produise avec calme et lenteur ; et c'est à quoi servent tous ceux qui sont attachés à l'ordre des choses existant, lorsqu'ils empêchent de le détruire avec violence, mais non de l'améliorer dans le sens de la justice et de la fraternité. La marche en avant des sociétés humaines résulte de l'équilibre ou de l'entente de l'élément conservateur et de l'élément progressif ; et si le conservatisme routinier a maintes fois retardé l'amélioration légitime de la vie sociale, ne savons-nous pas que, maintes fois aussi, l'emportement des progressistes aventureux et passionnés a été peut-être plus funeste à la collectivité des travailleurs ?

Un autre service de la classe « oisive » mérite d'être signalé. Pas n'est besoin d'avoir l'esprit d'un profond psychologue ni d'un observateur sagace de l'espèce humaine pour s'apercevoir que l'un des stimulants les plus féconds du travail de l'homme, c'est le désir et l'espoir de s'élever au-dessus de sa condition première, d'opérer pour lui-même ou pour les siens une ascension sociale, de monter quelques degrés de l'échelle de l'existence en s'éloignant de plus en plus de la nécessité impérieuse de gagner laborieusement sa vie. On peut affirmer en général que nul travailleur, depuis le plus petit des salariés, jusqu'au plus opulent des industriels, des commerçants ou des financiers, n'est insensible à une ambition aussi naturelle et légitime. C'est l'élan de l'individu, et surtout de la famille, vers l'affranchissement des servitudes de la vie, vers l'indépendance et la dignité sociales. Voilà, sans nul doute, au fond des âmes, le secret excitateur des grandes affaires et des puissantes entreprises, et le ressort principal de la prospérité rayonnante des peuples ! Ce fait universel de l'ordre économique est un cas spécial du jeu de l'intérêt privé dans la production et la répartition des richesses. Or la condition fortunée de ceux que l'on appelle « oisifs et improductifs », parce qu'ils n'ont pas besoin de travailler pour vivre, constitue le sommet fascinateur de la montée sociale, l'objet convoité de cet ambitieux désir qui fait se déployer l'activité humaine. N'est-ce pas là ce qui stimule d'ordinaire l'effort quotidien vers la possession des richesses, d'où résulte la vie et le progrès économique des nations ? Ce rôle de la classe « oisive » ne mérite-t-il pas de compter pour une utilité sociale ? Il est à craindre qu'en le supprimant on ne cause une sorte de paralysie des forces productives et qu'on ne diminue le rendement du travail. Ainsi l'appauvrissement de la collectivité suivrait la disparition de la classe « improductive ».

Les socialistes objectent que l'existence de la classe riche, improductive, au sens économique de ce mot, n'est point nécessaire, et que son utilité actuelle se retrouverait, avec plus de profit pour le peuple, dans la société collectiviste. Mais on peut en douter, non sans raison. Et dans ce doute certain, est-il sage, est-il juste, et serait-il avantageux à la collectivité de provoquer à la révolution rêvée par le socialisme ?

Quel socialiste, philosophe ou homme politique, est capable de prévoir les changements qui résulteraient de la mise en pratique, dans la société socialisée, de l'obligation universelle et absolue de gagner soi-même sa vie, par un travail personnel reconnu utile à la collectivité humaine ? Ne regardons pas les difficultés inextricables où le socialisme s'embarrasse pour concevoir l'organisation du travail dans l'hypothèse qui lui est chère (1) ; bornons-nous à suivre les conséquences de l'obligation du travail personnel. Si chacun est tenu de travailler pour vivre, qui donc s'intéressera à ce qui ne rentre point dans l'objet de son travail et la nécessité de sa propre existence ? Il faut raisonner sur ces choses en prenant les hommes tels qu'ils sont, et non d'après les seules règles d'une logique abstraite. Le rôle social des classes riches, que je constatais tout à l'heure, est excellemment rempli par elles à cause précisément qu'elles n'ont pas

(1) « Le socialisme, dit Schaeffle, n'a pas encore expliqué, jusque dans ses moindres détails, comment le vaste organisme collectif des capitaux et du travail aboutira à des conduites individuelles harmonieuses et fécondes. Ni la menace des pénalités, ni l'appel au devoir, ni aucun autre procédé n'obtiendra, partant d'un centre unique, que, sur toute l'étendue de la production unifiée, chacun produise le plus possible, aux moindres frais possible... Il ne suffira pas que le producteur A sache que son revenu de travail social dépend de l'application de chacun de ses 999.999 camarades, pour éveiller le contrôle nécessaire, étouffer le penchant à la paresse et à la malhonnêteté, empêcher la perte du temps, rendre impossible l'égoïsme et la ruse, etc. » Comment sauvegardera-t-on le libre choix des professions et la liberté du domicile ? On se souvient que M. Jules Guesde, à la Chambre des députés, fit entrevoir « la réquisition » comme moyen de recrutement pour les métiers répugnants ou dangereux.

les soucis de la subsistance quotidienne, ni les fatigues du travail rémunéré. C'est un fait d'expérience constante. Celui qui est forcé de gagner sa vie, n'a pas le temps, ni les moyens, en eût-il la volonté, de faire ce service supérieur et désintéressé qui consiste dans l'existence même d'un milieu policé et d'une vie luxueuse, dans l'influence attirante et émulatrice d'une condition fortunée, dans le prestige d'un plus haut degré de civilisation et de culture humaine. Quels travailleurs de la société socialisée seraient aptes à cette utilité sociale ? Fini le loisir que donnent les richesses, fini ce service si avantageux pourtant à la collectivité !

Car je ne pense pas que l'on veuille, dans l'hypothèse collectiviste, substituer pour cette fin aux classes riches une catégorie élue de citoyens que l'on pourvoirait des ressources et de l'oisiveté nécessaires. Quelle chimère et quel ridicule ! ce n'est ni le choix d'autrui, ni la volonté propre qui font les « oisifs » utiles au bien public. Sans en vouloir faire une caste fermée ou un ordre suprême inaccessible, loin de là, je constate que, pour l'ensemble de la classe, il y faut de la naissance, des traditions, des ancêtres. Cette floraison sociale supérieure, au sens que je donne ici à cet adjectif, ne se crée point par l'élection populaire, ni par des examens heureux, ni par l'éducation personnelle ; c'est une institution issue des siècles antérieurs et qui ne se recrute point comme une armée ou un corps de fonctionnaires. La création et le bon rendement d'une pareille élite sociale ne peuvent être que le fruit d'un long travail de sélection. Je le sais bien, cela ne va pas sans inconvénients, sans vices, sans abus, sans injustices. C'est le sort commun des choses humaines, et la société socialisée n'en manquerait pas. Mais il m'apparaît que les avantages sociaux qui résultent de la présence de la classe économiquement improductive, l'emportent en nombre et en prix sur ceux que les socialistes espèrent de sa disparition totale ; tandis que les inconvénients de sa suppression seraient beaucoup plus graves que les maux qu'elle engendre et qu'on peut lui reprocher justement.

Voilà pourquoi, à moins de renoncer à l'utilité sociale, au service de civilisation et de progrès, des classes économiquement improductives — dont, je veux le redire, la doctrine catholique condamne le coupable et trop fréquent parasitisme individuel — l'on doit admettre que des citoyens ont le droit de posséder de quoi vivre sans gagner leur vie, et que des particuliers peuvent, tout comme les associations ouvrières, jouir de la propriété des « moyens capitalistes ». Ce sont les exigences de l'intérêt social bien compris. Il n'y aurait d'injustice que si l'inégalité des conditions économiques avait pour but ou pour résultat d'exempter les riches d'être utiles à la collectivité, de travailler pour elle. Loin de là, l'élite sociale — il ne s'agit pas ici des individus pris à part, mais de leur catégorie dans son ensemble — a pour raison d'être et pour effet propre de servir d'une façon supérieure la nation et l'Etat. En conséquence, je ne puis approuver la restriction que le collectivisme mitigé maintient encore au droit naturel de propriété privée individuelle. Mais si je la repousse, c'est parce qu'elle me semble antisociale, et non parce qu'elle serait contraire à la doctrine antisocialiste de l'Eglise. Que si un Pape poussait un jour jusque-là les condamnations antérieures, on l'expliquerait aisément, au point de vue de l'intérêt général de la société. Mais il ne me semble pas que la religion ni la stricte justice exigent une pareille rigueur.

Nous voilà donc au terme de cette longue discussion, et chacun maintenant peut voir en quoi consiste précisément l'opposition du socialisme et de l'Eglise sur le terrain économique.

L'opposition est irréductible en ce qui concerne les erreurs de droit naturel sur la propriété, la famille, la société et l'Etat ; elle ne peut l'être moins au sujet des erreurs antichrétiennes de la libre pensée irréligieuse et de la politique sectaire. L'Eglise ne saurait, non plus, approuver les injustices et les violences, plus ou moins légales, dont quelques socialistes menacent les détenteurs du capital.

Mais si, par une abstraction fort légitime et qui n'est pas un simple jeu d'esprit, l'on isole, pour ainsi parler, la formule économique essentielle du socialisme, si on la réduit à son expression dernière, d'après les plus récents orateurs et écrivains du parti, la contradiction théologique finit par disparaître sur le terrain des faits. Tandis que le socialisme ne repousse que la propriété « capitaliste » individuelle ; et cela, non pas en vertu d'un *a priori* philosophique quelconque, mais au nom du seul fait de l'évolution économique capitaliste elle-même ; tandis qu'il admet, non seulement la propriété privée des biens d'usage personnel, mais encore la propriété privée « capitaliste » sous forme corporative ou collective ; la doctrine catholique, de son côté, ne réprouve point les appropriations nationales ou communales, ni elle ne professe que l'intérêt général du peuple et de l'Etat ne légitimera jamais la restriction légale anticapitaliste du droit naturel de propriété individuelle. Voilà très nettement marqué le point de rencontre des deux courants de réformes sociales : celui du socialisme scientifique et celui de la fraternité et de la justice chrétiennes.

L'horizon du catholicisme social est aussi large que celui du réformisme socialiste ; car il n'est pas une seule revendication vraiment populaire — le peuple est juste et raisonnable, grâce à son robuste bon sens et à la modération de ses désirs — que les catholiques ne puissent embrasser et défendre. A la lumière des faits s'ajoute pour eux la divine lumière de la foi, et au penchant naturel de la solidarité la flamme surnaturelle de l'amour fraternel (1).

Mais avant de conclure, il nous reste à discuter les raisons extra-économiques pour lesquelles les socialistes font à l'Eglise une guerre sans merci. Cette réfutation de leur anticléricalisme farouche complètera celle de leur anticapitalisme modéré.

(1) Cf. le programme de la revue *La Démocratie chrétienne* (Lille) et divers ouvrages sur les démocrates chrétiens, chez Lecoffre, à Paris, et aux bureaux du journal *La Justice sociale* (rue Littré).

A la librairie Colin, 5, rue de Mézières, il vient de paraître un fort volume in-8°, qu'il est utile de signaler aux jeunes gens studieux : *Les systèmes socialistes et l'évolution économique*, par M. Maurice Bourguin.

IX

M. Georges Renard exprime en ces termes la pensée commune des écoles socialistes :

« Nous avons, nous autres socialistes, dit-il, deux raisons très graves de nous défier de l'Eglise. L'une tient au but que l'Eglise, en dépit de tout, poursuit avec une intolérable ténacité ; l'autre aux variations commodes dont sa conduite politique et sociale a, par cela même, offert le lamentable spectacle.

« D'abord, il est indéniable que l'Eglise catholique veut garder ou reconquérir sur la société civile une suprématie à laquelle elle n'a jamais renoncé. Par suite, quand il lui arrive d'accepter la démocratie et de s'attendrir sur les ouvriers, ce n'est pas en vue de faire régner la justice sur la terre. Il s'agit pour elle d'asseoir ou de consolider d'une façon ou d'une autre sa domination... Améliorer le sort des pauvres n'est pas pour elle une fin ; ce n'est qu'un moyen...

« Sa politique est à double face. L'histoire en est facile à faire pendant le dernier demi-siècle. Dans les moments où le peuple paraît faible et vaincu pour longtemps, l'Eglise catholique se tourne contre lui avec fureur. Elle condamne la démocratie chrétienne en la personne de Lamennais... Vienne, il est vrai, un moment où le peuple apparaît menaçant et près de triompher, c'est un subit changement à vue. On flirte avec la République ; on coquette avec la Démocratie. Vive le Christ fils du charpentier ! En avant l'Evangile précurseur de la Déclaration des droits de l'homme ! Lamennais est absorbé comme Jeanne d'Arc par l'Eglise, qui l'a repoussé jadis ; on lui prend son programme. Le pape s'intéresse au sort des ouvriers. »

Ainsi s'exprime M. Renard. Quelle ignorance de l'Eglise, de sa mission, de son rôle et de son histoire ! Comment faire pénétrer la lumière dans un esprit aussi obstrué ! Encore ai-je tu les griefs qu'il fait à l'Eglise en matière dogmatique ! « En un jour d'orgueil délirant, écrit-il, elle a déclaré que son chef est infaillible. Avec une mentalité de sauvages et d'enfants, des hommes ont admis ce miracle perpétuel, un homme incapable de se tromper ! » Quel savoir est le vôtre, monsieur, et de quelle délicatesse de style vous usez envers nous ! Seriez-vous du moins capable de dire en quoi consiste l'infaillibilité de l'Eglise et du Pape, quel est son objet, ses conditions, sa raison d'être ? Savez-vous quels sont ces hommes « à la mentalité de sauvages et d'enfants », qui, depuis dix-neuf siècles, croient à cette infaillibilité ? Quelle ridicule outrecuidance! Mais en outre M. Renard s'étonne que Pie IX ait revendiqué dans le *Syllabus* l'indépendance et l'autonomie religieuse de l'Eglise en condamnant la proposition suivante : « La puissance ecclésiastique ne doit pas exercer son autorité sans la permission et l'approbation du gouvernement. » M. Renard se scandalise de ce que Léon XIII — à l'instar de lui, M. Renard, qui veut que la libre pensée socialiste soit le principe fondamental des sociétés humaines — ait osé dire que « la religion doit être constituée comme fondement de toutes les lois sociales. » Est-ce que M. Renard ne voudrait reconnaître à l'Eglise ni autonomie religieuse, ni liberté de doctrine et de prédication ?

Mais suivons M. Renard. Il ajoute : « N'y aurait-il pas une opposition irréductible entre socialisme et catholicisme ? je ne dis pas christianisme. Le socialisme, tel que je l'ai toujours compris et défendu, ne sépare pas la question économique et la question morale ; il combat la théocratie comme le capitalisme ; il a besoin pour bâtir la cité nouvelle d'esprits libres, habitués à la critique des faits et des idées, résolus à contrôler toute opinion par l'expérience et la raison ; il prend pour guide la science et, sans la croire infaillible, il n'admet pas qu'elle ait fait faillite ; il redoute les intelligences volontairement asservies à un dogme prétendu révélé, et esclaves dociles d'affirmations autoritaires, qui peuvent émaner d'un homme, d'un livre ou d'un concile.

« Ce n'est pas tout. La morale que prêche l'Eglise catholique répugne au socialisme, parce que, soi-disant descendue du ciel, elle se donne par là même comme immuable, pétrifiée à jamais, incapable de se perfectionner ; parce qu'elle commande au nom de l'enfer et du paradis, c'est-à-dire au nom de la peur et de l'intérêt ; parce que, rabaissant le corps et les sentiments les plus naturels, elle dresse devant l'homme un idéal éloigné, mesquin, monastique, auquel nous entendons substituer l'exaltation de toutes les puissances de vie, le développement de l'être humain ; parce qu'elle se borne à conseiller aux pauvres la résignation et aux riches la charité ; parce qu'enfin et surtout, elle est la morale de la grâce, c'est-à-dire de l'arbitraire, du passe-droit, de l'injustice éternelle. En vérité, lier *catholicisme* et *socialisme,* ce serait faire un amalgame monstrueux, où ceci tuerait cela, à moins que cela ne tuât ceci. »

On ne saurait le contester, M. Renard parle clair, et après l'avoir entendu, il n'est personne qui ne voie nettement la contradiction du catholicisme et du socialisme, et qui ne s'explique l'attitude hostile prise par les Papes vis-à-vis de cet anticatholicisme déclaré, haineux et violent, ainsi que les condamnations qu'ils ont portées contre lui. Le socialisme est un *bloc,* dont la doctrine de la libre pensée anticatholique fait partie intégrante et inséparable. Il repousse, non seulement le régime économique capitaliste, mais la « théocratie », c'est-à-dire, si je l'entends bien, l'idée de Dieu prise pour base de l'ordre social. La foi catholique, qui ne va pas sans l'acceptation expresse d'une règle infaillible et vivante de la croyance religieuse, constitue, d'après lui, une sorte de vice rédhibitoire, d'inhabileté, d'incapacité civique. Il semble qu'un catholique ne puisse pas être citoyen de la cité socialiste ; on n'y recevra point « d'intelligences volontairement asservies ». Enfin le socialisme rejette avec mépris la morale du catholicisme : « Cela tuera ceci. »

En vérité, ce n'est pas sans motifs que les Papes ont frappé ce *bloc* de doctrines anticatholiques. La déclaration de guerre et l'agression des socialistes devaient attirer d'aussi justes et d'aussi formelles condamnations.

X

Discuterai-je longuement les griefs du socialisme contre l'Eglise ? Non, mais quelques courtes réponses ne seront peut-être pas sans profit pour plusieurs.

A la vérité, l'anticléricalisme des socialistes n'a rien qui leur soit propre. Leurs griefs sont ceux des anticléricaux de toute couleur. M. Renard prétend rattacher, pour les socialistes, leur anticléricalisme à l'abolition de la propriété privée et à la suppression des classes et des privilèges. Mais ce lien n'est point absolu, me semble-t-il. Je ne vois pas bien pour quelle raison une société économiquement socialisée ne pourrait pas reconnaître Dieu, la religion, l'Eglise, et faire aux droits et aux libertés nécessaires de la conscience religieuse des catholiques la place qu'exige le respect dû par l'Etat aux opinions de chacun. Quoi qu'il en soit, pesons les griefs que M. Renard oppose au catholicisme.

1° L'Eglise, dit-on, veut « dominer la société civile ». Voilà, par excellence, l'argument anticlérical : il est usité depuis des siècles contre les Papes, et servi au peuple, sous mille formes, dans toutes les élections, non seulement par les socialistes, mais par tous ceux qui, depuis trente ans surtout, défendent la république contre la réaction monarchique et conservatrice. Que de fois les orateurs et les écrivains catholiques y ont répondu (1) !

(1) « Cette ingérence du clergé dans les affaires du siècle était heureuse, car il y avait plus de lumières, d'impartialité et

Certes, il est possible que la pensée d'une domination politique de l'Eglise sur la société civile ait hanté quelques âmes ecclésiastiques pendant le moyen âge. Le droit public de cette époque favorisait de telles prétentions. Aussi faut-il connaître et comprendre ce droit, si l'on veut être juste envers les Papes de ces temps reculés.

Voici comment, vers 1840, un écrivain ecclésiastique très estimé, M. l'abbé Jager, expliquait, à propos de Grégoire VII, le pouvoir temporel de l'Eglise sur les princes et sur les Etats, au moyen âge :

« Quand on voit Grégoire VII réclamer la *suzeraineté*, non seulement du midi de l'Italie mais encore de l'Espagne, de l'île de Sardaigne, de la Hongrie, de la Dalmatie, ces prétentions paraissent étranges et même ridicules ; on crie à l'ambition. Mais a-t-on bien compris l'histoire du XIe siècle ?... Pour juger les prétentions de Grégoire, il faut mettre de côté nos idées actuelles, et prendre celles du

de douceur dans ses tribunaux que dans ceux des barbares. Il était alors à l'avant-garde de la société ; et les quatre-vingt-trois conciles tenus en Gaule, du sixième siècle au huitième siècle, n'attestent pas seulement son activité politique et la ferveur de son zèle, mais aussi ses constants efforts pour rendre les mœurs meilleures et mettre dans l'organisation sociale plus de justice et moins d'inégalité. L'Eglise prenait courageusement les affligés sous sa protection. Elle appelait à elle la veuve, l'orphelin, le pauvre, le proscrit, et c'est parce qu'elle avait avec elle tous les faibles qu'elle fut si forte ; car les faibles et les opprimés, c'était alors à peu près tout le monde. » (Victor Duruy.)

siècle où il a vécu. *Le droit que Grégoire réclame tient au régime féodal, et n'est autre que celui qu'exerçaient à cette époque tous les seigneurs suzerains.* Car avant que Grégoire montât au trône pontifical, plusieurs souverains avaient laissé leurs royaumes *en fief* au Saint-Siège. Grégoire, selon le droit de l'époque, réclamait cette *suzeraineté,* parce qu'il en avait besoin pour l'exécution de ses plans (de réforme du clergé et d'affranchissement du ministère ecclésiastique).

« Et que l'on ne s'imagine pas que les seigneurs, ou les souverains, en faisant ces donations, aient été conduits par le seul motif de la piété ; leur intérêt y était aussi pour quelque chose. En se déclarant *vassaux du Saint-Siège,* ils s'assuraient à eux-mêmes, et à leurs enfants, une puissante protection contre l'usurpation de leurs voisins, et contre la rébellion des peuples ; ceux-ci devenaient plus dociles, ayant dans le Saint-Siège une garantie contre l'injustice de leurs souverains. L'autorité du Saint-Siège était alors la seule universellement reconnue et respectée... Nous ne devons plus être étonnés de la libéralité des princes, elle était intéressée... De là vient sans aucun doute le *droit de suzeraineté* du Saint-Siège sur divers Etats de l'Europe ; droit qui, au lieu de montrer les « prétentions ridicules » des Papes, prouve leur haute autorité au moyen âge et la confiance qu'elle inspirait (1). »

Ainsi s'explique également le pouvoir de déposer les princes, que les Papes ont exercé plusieurs fois, et qui leur était reconnu par les rois et par les peuples. Ce pouvoir s'étendait même, d'après le droit de l'époque, sur les princes qui n'étaient pas les vassaux du Saint-Siège. Il est inscrit dans le Capitulaire de Thionville de l'an 805, dans une Constitution de saint Edouard d'Angleterre, publiée et confirmée par Guillaume le Conquérant, et dans beaucoup d'autres législations, en particulier dans le Code Germanique, chapitres 29 et 351. Aussi ce pouvoir de l'Eglise, des conciles et des Papes, n'était guère, en droit, contesté par personne. Le moyen de l'exercer, très conforme à l'esprit religieux de ce temps-là et à la nature du lien qui unissait alors mutuellement princes et sujets, à savoir le serment, était l'excommunication ecclésiastique et la dispense de la foi jurée, car l'excommunication retranchait de la société chrétienne et de la vie civile.

Ce pouvoir des papes, reconnu et accepté par les princes mêmes, faisait partie intégrante de la Constitution des Etats chrétiens du moyen âge. Jamais pouvoir ne fut plus légitime. L'histoire démontre que les Papes ne

(1) Introduction à l'*Histoire de Grégoire VII* de J. Voigt, professeur à l'Université de Hall. 1842.

l'ont employé que contre des princes malfaisants, nés pour le malheur des hommes. Un jurisconsulte protestant du XVIIIe siècle, Senkenberg, a écrit avec raison : « Il n'y a pas dans l'histoire un seul exemple d'un pape qui ait procédé contre les souverains qui se renfermaient dans leurs droits, sans les outrepasser (1). »

Est-il besoin d'ajouter ici que nul, assurément, ne songe plus à ramener le monde à ce régime féodal, qui avait fait du Pape le chef suprême de la République chrétienne, comme on disait alors. Quel Pape, depuis des siècles, nourrit de ces visées ambitieuses ? Léon XIII les a repoussées ouvertement au nom du dogme lui-même :

« Dieu, écrivait-il, dans l'encyclique du 1er novembre 1885 sur la *Constitution chrétienne des Etats,* Dieu a divisé le gouvernement du genre humain entre deux puissances : la puissance ecclésiastique et la puissance civile ; celle-là préposée aux choses divines, celle-ci aux choses humaines. *Chacune d'elles dans son genre est souveraine ;* chacune est renfermée dans des limites parfaitement déterminées et tracées en conformité de sa nature et de son but spécial. Il y a donc comme une sphère circonscrite dans laquelle chacune exerce son action *jure proprio.* »

(1) *Pouvoir des papes sur les souverains au Moyen Age,* par M. Gosselin ; chez Périsse, à Lyon, 1839.

Sur la fin de sa glorieuse carrière, le 19 mars 1902, ce grand pape tenait le même langage : « L'Eglise, s'écriait-il avec indignation, l'Eglise usurpatrice des droits de l'Etat ; l'Eglise envahissant le domaine politique ! Mais l'Eglise sait et enseigne que son divin fondateur a ordonné de rendre à César ce qui est à César et à Dieu ce qui est à Dieu, et qu'il a ainsi sanctionné *l'immuable principe de la perpétuelle distinction des deux pouvoirs*, tous les deux *souverains dans leur sphère respective !* Distinction féconde et qui a largement contribué au développement de la civilisation chrétienne ! »

Et l'illustre vieillard ajoutait, non sans quelque tristesse : « Accuser l'Eglise de visées ambitieuses, ce n'est donc que répéter une calomnie bien ancienne, calomnie que ses puissants ennemis ont plus d'une fois employée, du reste, comme prétexte pour masquer eux-mêmes leur propre tyrannie. Loin d'opprimer, l'histoire l'enseigne clairement quand on l'étudie sans préjugés, l'Eglise, comme son divin Fondateur, a été le plus souvent, au contraire, la victime de l'oppression et de l'injustice. »

De même dans la fameuse encyclique sur le *ralliement,* du 16 février 1892, Léon XIII s'élevait avec énergie contre la « calomnie astucieusement répandue » par ceux qui prétendent « que l'entente et la vigueur d'action inculquées aux catholiques pour la défense de leur Foi, ont comme secret mobile, bien moins la sauvegarde des intérêts religieux, que l'ambition de ménager à l'Eglise une domination politique sur l'Etat. » De tout temps, aujourd'hui comme autrefois, les ennemis de l'Eglise ont eu l'habitude, ajoute le Pontife, de « mettre en avant le prétexte des prétendus envahissements de l'Eglise sur l'Etat, pour fournir à l'Etat des apparences de droit dans ses empiétements et ses violences contre la religion catholique. »

Telle est la vraie doctrine de l'Eglise sur ce point essentiel de ses rapports avec la société civile et avec l'Etat. Ses adversaires devraient loyalement le reconnaître, et renoncer désormais au vieil argument anticlérical. Mais il serait trop naïf de compter sur une bonne foi aussi équitable ; d'autant que la plupart de ces anticléricaux, par une contradiction odieuse, multiplient leurs efforts pour imposer à l'Etat et aux citoyens, au nom de la libre pensée, le *credo* de leur irréligion et le *syllabus* de leur anticatholicisme.

On ne manquera pas d'objecter ici la vingt-quatrième proposition de notre *Syllabus,* qui est ainsi formulée : « L'Eglise n'a pas le droit d'employer la force ; elle n'a aucun pouvoir temporel, direct ou indirect. » Mais il ne s'agit là aucunement de domination politique sur les sociétés civiles. « L'emploi de la force », dont il est question dans ce texte, se rapporte soit aux tribunaux ecclésiastiques jugeant en matière de discipline intérieure, comme faisaient les anciennes officialités épiscopales, soit à l'Inquisition, procédant en matière de foi contre les hérétiques suivant les lois ecclésiastiques et civiles alors en vigueur. Quant au « pouvoir temporel » réclamé par l'Eglise, si jadis, en vertu du droit public de ces temps reculés et de la vassalité volontaire de presque tous les princes chrétiens vis-à-vis du Saint-Siège, on l'entendait d'une « suzeraineté politique », l'enseignement de la théologie, corroboré par les encycliques de Léon XIII, ne permet de le concevoir, d'après le droit divin constitutionnel de l'Eglise, que sous la forme d'un magistère doctrinal et d'une autorité religieuse qui, pour défendre la loi de Dieu méconnue et la Foi catholique outragée, peut user des armes spirituelles dont elle dispose du fait même de sa divine mission. Cette proposition du *Syllabus* ne peut donc servir à étayer la calomnie de nos adversaires (1).

(1) Au sujet de cette proposition le *Syllabus* renvoie aux lettres apostoliques *Ad apostolicæ* du 22 août 1851, par lesquelles Pie IX condamnait une série d'erreurs contenues dans le *Cours de droit ecclésiastique* et le *Traité sur le droit ecclésiastique* de M. le professeur Nuitz, de l'Athénée Royal de Turin. C'est donc dans ces deux ouvrages qu'il faut aller voir le sens condamné de la proposition 24 du *Syllabus*.

Mais si l'Eglise ne prétend à aucune domination politique, c'est le droit indéniable de chaque citoyen catholique et de toute association catholique, de travailler, par des moyens légitimes, à faire prévaloir dans les esprits, dans l'opinion publique, auprès des électeurs, dans les Chambres et dans le gouvernement, leurs idées, leurs convictions, leurs maximes et leurs doctrines en matière d'organisation politique et économique de la société. N'est-ce pas à cet effet que, dans un pays de suffrage universel et de liberté de conscience, ont été instituées les libertés publiques de la presse, de l'enseignement, de réunion et d'association ? La conquête du pouvoir et la direction de l'Etat sont les buts légitimes de l'ambition et des efforts de tous les citoyens et de tous les partis, des francs-maçons, des socialistes, des radicaux, des républicains et des monarchistes de toute école et de toute couleur : pourquoi les catholiques n'auraient-ils pas le droit de se proposer le même objectif ? Nous voyons aujourd'hui leurs adversaires user de toutes les forces de l'Etat contre les droits et les libertés nécessaires de la conscience chrétienne, notamment en matière d'éducation et d'association. Il est juste, légal et constitutionnel, que les catholiques, de leur côté, usent de tous les droits et de toutes les libertés du citoyen, dans notre démocratie républicaine, afin de repousser l'oppression qu'ils subissent. Et l'exemple de la Belgique, depuis vingt ans, démontre que les catholiques, devenus à leur tour les maîtres du pouvoir, ne s'en servent pas pour opprimer leurs adversaires, mais seulement pour se libérer de la tyrannie que la libre pensée jacobine, se mentant à elle-même, fait peser sur eux. Qui pourrait justement faire un crime aux citoyens français, fidèles enfants de l'Eglise, de cette « ambitieuse visée » à la « domination politique » ?

Aussi m'étonnerais-je, si je ne connaissais les préventions de nos adversaires, d'entendre M. Georges Renard récriminer contre l'Eglise, parce que, dit-il, « elle se mêle incessamment de légiférer et d'agir comme directrice des âmes, comme guide des consciences en matière politique et sociale ; » parce que, ajoute-t-il, « ses ministres, Pape et évêques, abusent de l'énorme autorité qu'ils doivent à leurs fonctions pour diriger leurs ouailles en tel ou tel sens. »

Voilà de quoi M. Renard s'irrite, et son dépit est pour moi, je l'avoue, une chose fort surprenante ! L'Eglise n'aurait donc pas le droit d'indiquer à ses fidèles ce qui, en matière politique et sociale, lui paraît conforme à leurs intérêts religieux et à la foi catholique ! Le Pape et les évêques n'auraient donc pas le droit de diriger leurs fidèles, en matière politique et sociale, dans le sens de leur foi religieuse et de leurs intérêts spirituels ! Mais n'importe quelle société, celle du *Touring-Club* comme celle des *Enfants d'Hiram*, n'importe quel syndicat, celui des mégotiers et des mendiants comme celui des pêcheurs à la ligne, a le droit de donner à ses membres des conseils, des avis et des directions de ce genre. Que font les syndicats socialistes, lorsqu'ils exigent de leurs associés, ou de leurs élus, telle ou telle conduite politique, sociale et même irréligieuse ? (1) Que font les *Amicales* d'instituteurs, ou leurs Congrès, lorsqu'une invitation plus ou moins menaçante de leur part vient, dans les Chambres, stimuler le zèle des représentants qui leur doivent le mandat législatif ? Est-il rien de plus légal, de plus juste, dans notre démocratie républicaine, qu'une pareille liberté d'action politique et électorale pratiquée par une association quelconque de citoyens ? Mais c'est la liberté cela ; c'est la rivalité d'opinions, c'est la concurrence civique. Qu'importe que l'association influente soit religieuse ou laïque ? que ce soit l'Eglise,

(1) Extraits des *Statuts de la Section Lilloise du Parti ouvrier*. Lille, impr. Lagrange, 1897. Art. 24 : « Tout membre de la section élu par le corps électoral appartient *avant tout* et *pour tout* au parti, qui *lui dicte sa ligne de conduite* et surveille ses actes. Il n'a *pas le droit de donner sa démission* de mandataire sans l'autorisation de la section. » *Perinde ac cadaver !* — Et ces gens-là crient au servilisme de la discipline catholique ou congréganiste ! Tout le monde ne sait-il pas d'ailleurs que l'excommunication joue chez eux à jet continu ?

ou une fédération ouvrière quelconque ? la Congrégation, la Bourse du travail, ou le Grand-Orient ? Il serait piquant, en vérité, de voir les internationalistes du socialisme crier au scandale contre l'universalisme catholique, et nous faire un crime, malgré le Concordat, d'écouter le Pape, un « étranger » ! et de suivre la religion catholique romaine, une « étrangère » ! O passions aveugles et sectaires de la libre pensée !

XI

2° M. Renard nous reproche, en outre, les variations politiques de l'Eglise à l'égard de la démocratie. — Essayons, sans peur du *distinguo,* d'écarter d'ici toute confusion d'idées.

L'Eglise ne professe point, il importe de le rappeler tout d'abord, la légitimité absolue d'un régime politique à l'exclusion de tout autre. Elle est, on peut le dire, *dogmatiquement indifférente* entre les diverses formes de gouvernement admises par les philosophes comme rationnelles et légitimes. Donc sa doctrine n'est pas plus antidémocratique qu'antimonarchique.

Mais l'Eglise enseigne que les pouvoirs légitimement établis doivent être regardés comme rentrant dans l'ordre de la divine

Providence, et voulus de Dieu. Par suite c'est un devoir de les respecter et de leur obéir sans rébellion. Dès lors il est naturel qu'ici ou là elle ait fait opposition à l'établissement révolutionnaire d'une nouvelle forme de régime politique. L'intérêt public souffre toujours des révolutions violentes, et pour le bien du peuple la sagesse veut que l'on préfère aux coups de force l'évolution plus lente et le progrès plus assuré des idées et des événements. Cependant la révolution une fois accomplie et le nouveau pouvoir constitué, même au prix de torrents de sang et par les crimes les plus abominables, l'Eglise, appliquant à ce régime légal, devenu nécessaire, sa maxime de soumission envers les puissances terrestres, n'hésite point à le reconnaître. Ainsi fit Pie VII, par le Concordat de 1801, pour la République consulaire ; et tous les Papes après lui ont fait de même pour les gouvernements issus des désastres de 1814 et de 1870, des émeutes populaires de 1830 et de 1848, du coup d'Etat de 1851 et du plébiscite de l'année suivante. En vérité, ceux qui accusent sans cesse l'Eglise de se mêler de politique, et qui prétendent lui interdire toute ingérence dans cet ordre d'opinions et d'intérêts, sont mal venus, auprès des gens sensés, à lui reprocher son attitude d'indifférence dogmatique, mais de sagesse politique en même temps que de justice sociale, à l'égard des régimes qui se sont succédé chez nous. Sa conduite est réglée d'après sa mission religieuse et le bien supérieur du salut des âmes.

Jamais donc l'Eglise n'a condamné la démocratie, ni dans « la personne de Lamennais », ni dans une institution ou une œuvre quelconque. Il est même loisible de soutenir que la démocratie moderne, la démocratie républicaine et sociale française, procède, non certes par une déduction logique rigoureuse et inévitable, mais par une conséquence historique naturelle, et du dogme de la fraternité chrétienne, seule base ferme et stable de la solidarité humaine, et de la loi divine de l'amour mutuel, seul motif désintéressé de l'accomplissement du devoir de justice envers ses semblables, ainsi que de la pratique de l'abnégation, du dévouement et du sacrifice, sans laquelle on ne saurait concevoir de société humaine, d'ordre et de paix.

M. Renard ne craint pas de dire qu'en acceptant la démocratie et en s'attendrissant sur les ouvriers — ce qu'elle ne fait, affirme-t-il, qu' « au moment où le peuple apparaît menaçant et près de triompher », — l'Eglise n'a en vue que « d'assurer ou de consolider sa domination politique ». Mais quelle est donc l'ignorance de ce philosophe du *collectivisme mitigé ?* Est-ce que l'Eglise a attendu le triomphe et les menaces de la démocratie pour s'attendrir sur le sort des miséreux, depuis la première communauté chrétienne de Jérusalem jusqu'à la fondation du dernier établissement charitable des Petites Sœurs des Pauvres et des Filles de Saint-Vincent de Paul, jusqu'à la dernière œuvre d'assistance gratuite instituée pour l'amour de Dieu ? Mais qui donc, si ce n'est l'Eglise, a porté dans le monde l'amour et le respect des pauvres ? qui, sinon l'Eglise, a semé dans l'âme des générations, le germe de la divine dignité de l'homme et de l'égalité religieuse de tous les fils d'Adam, enfants du même Père, affranchis, frères et héritiers du même Christ, Fils de Dieu ? germe céleste d'où devait sortir progressivement, à l'insu peut-être des premiers semeurs, l'estime et le respect du travail manuel, l'émancipation des esclaves, la fin du servage, l'égalité civile et politique des salariés et des riches, et le progrès d'un monde en marche vers un idéal sublime de justice et de fraternité.

Oui, l'Eglise a toujours eu envers les pauvres des prédilections et des tendresses de mère, et c'est un odieux outrage que de dénaturer ses sentiments et de les tourner en basse ambition temporelle. Jésus ne cherchait pas la royauté en répandant ses bienfaits sur les multitudes enthousiastes. L'Eglise non plus en faisant le bien ne poursuit pas une domination politique. Si elle compte sur la reconnaissance des peuples, elle sera trompée une fois de plus sans doute, mais c'est son droit d'espérer, quand même, qu'il ne lui sera pas toujours rendu le mal pour le bien. Non, en prêchant l'Evangile du charpentier galiléen au milieu des travailleurs, l'Eglise n'aspire pas à « dominer » la démocratie et la République. Son unique ambition est de faire mieux connaître, aimer et servir le Dieu Créateur et Rédempteur du monde.

XII

3° Le socialisme ne se sépare pas de la libre pensée, nous assure M. Georges Renard ; d'où l'on pourrait conclure que l'on ne doit admettre à la jouissance des droits de citoyen dans la cité nouvelle que des « esprits libres », c'est-à-dire incroyants, non catholiques.

Peut-être l'écrivain socialiste ne veut-il pas poser ici un principe d'excommunication laïque et de mise hors la loi, qui deviendrait vite un arrêt de mort. Je ne saisis pas bien la portée de l'exclusion qu'il prononce contre les catholiques. Mais l'histoire des partis politiques ou religieux, de leurs luttes et des révolutions qu'ils ont accomplies, nous avertit de craindre que ce « besoin d'esprits libres pour bâtir la cité nouvelle » et cette horreur des « intelligences asservies » n'aient un jour pour effet quelque loi des suspects aboutissant à quelque régime légal de proscription contre le catholicisme (1). On sait comment les assemblées de la Révolution mirent en pratique ces maximes de la *Déclaration des droits :* « Nul ne doit être inquiété pour ses opinions même religieuses... Le libre exercice des cultes ne peut être interdit (2) ».

Si les sociétés chrétiennes de l'ancien régime, conformément au droit universel, ont vu dans leur religion le premier fondement de la vie sociale, et ont fait de l'adhésion à un culte déterminé une condition légale de la jouissance des droits civiques, leur foi à la divinité du christianisme justifie, tant pour les catholiques que pour les protestants et pour les autres hérétiques, cette intolérance civile en matière de religion. En effet, ce droit admis, l'historien s'explique sans peine et les persécutions des césars romains contre le christianisme ennemi des dieux de l'Empire, et les lois des césars chrétiens contre les hérésies, et l'Inquisition catholique du moyen âge, et les peines terribles qu'un Cal-

(1) Il en est qui songent à interdire toute *initiation cultuelle,* notamment le *baptême,* avant l'âge adulte.

(2) *Décl. de 1791,* art. 10 ; — *Décl. de 1793,* art. 7.

vin, un Henri VIII, une Elisabeth, et tant d'autres princes gagnés à la Réforme portèrent contre la profession du catholicisme (1).

Un homme d'Etat le proclamait naguère, avec raison, à la tribune française : « Contre l'ordre public, disait M. Waldeck-Rousseau, il n'y a pas de liberté. » On pensait de même lorsque l'ordre public avait pour base et pour garantie la profession d'une foi religieuse. La société d'alors se défendait, comme la nôtre, par les moyens de coercition dont toute société dispose : la loi, le juge, le geôlier et le bourreau. La pénalité et la procédure ont changé ; le principe reste le même. L'Inquisition de Genève et de Londres, ainsi que celle de Rome ou celle d'Espagne, sont issues logiquement de la maxime politique louée par M. Waldeck. La Révolution y a trouvé la raison de tous ses crimes, et M. Combes en fait sortir la proscription des ordres religieux et de l'enseignement congréganiste. Tout dépend du concept que l'on se forme de l'ordre public, de ses fondements et de ses conditions. Jadis l'unité de la foi était requise ; maintenant l'on est épris d'unité morale, et c'est en vue de l'établir, que l'on enlève à des milliers de catholiques,

(1) Au sujet de l'Inquisition, il faut lire le volume des conférences spéciales qu'a faites M. l'abbé Gaffre. C'est un arsenal bien fourni d'armes offensives et défensives, en même temps qu'une solide étude historique.

congréganistes et fonctionnaires, l'usage des droits les plus précieux du citoyen.

Il existe cependant entre les siècles d'intolérance et le nôtre, une profonde opposition de principes. Jadis l'on agissait au nom de la foi chrétienne, base légale de l'ordre politique ; aujourd'hui l'on s'inspire de l'esprit de liberté. Or que l'on vienne, en vertu de cet esprit nouveau, réprouver l'ancien droit public et l'emploi de la force, surtout lorsque plusieurs siècles en ont montré l'inutilité pour la défense et le maintien d'une foi quelconque, j'y consens volontiers ; car c'est bien le cas d'appliquer le proverbe : « Plus fait douceur que violence. » Mais que l'on se réclame des principes nouveaux, inaugurés par la Révolution, que l'on invoque la liberté de penser et la liberté de conscience, comme des droits imprescriptibles de l'homme, et que, néanmoins, l'on mette son idéal social dans une collectivité humaine où la libre pensée sera obligatoire et le catholicisme illégal et proscrit, voilà ce que je ne puis concevoir, tant je le trouve contradictoire ou hypocrite ! Qu'un Etat, tout pénétré d'une foi divine suprarationnelle, prétende fixer des bornes à la liberté religieuse des sujets, on peut logiquement le comprendre. Mais qu'au nom de *sa* raison, de *sa* pensée, de *sa* science, ou de *sa* conscience, un individu, ou même un comité, un gouvernement, quel qu'il soit, ose entreprendre d'imposer *sa* croyance ou *son* irréligion à *ma* conscience, à *ma* pensée, à *ma* raison, à *ma* foi ou à *mon* incrédulité, voilà certes qui ne serait pas moins ridicule qu'odieux ; voilà une tyrannie aussi absurde qu'intolérable !

XIII

4° Enfin, « la morale que prêche l'Eglise catholique répugne, nous dit-on, au socialisme. » On a lu plus haut les motifs de cette répugnance ; les principaux se résument dans l'athéisme et le matérialisme des théories socialistes et dans le caractère divin et révélé de la morale catholique. Ce n'est pas le lieu d'ouvrir un tel débat. Un mot seulement sur les motifs secondaires de la répugnance socialiste.

C'est, disent-ils, « au nom de la peur et de l'intérêt » que l'Eglise commande. Point du tout, c'est au nom de l'amour de Dieu et du prochain. Tel est le motif suprême, telle est la règle supérieure de la morale catholique (1). L'enfer et le paradis ne sont que les sanctions divines de la mauvaise et de la bonne conduite des hommes. Sans doute ces résultats prévus, ces « fins dernières » effectives de la

(1) *Evangile selon saint Matthieu*, chap. 22, v.v. 36-40.

vie humaine, peuvent devenir des *motifs d'action* ; mais ce sont des motifs imparfaits, qui doivent rester secondaires. L'Eglise pousse toujours ses fidèles à agir en toutes choses d'après le sublime motif de l'amour de Dieu et du prochain, qui fait les âmes d'élite ; il n'en est pas de plus grand ni de plus désintéressé. On peut admirer son action, à la fois sanctifiante pour l'individu et avantageuse au bien public, dans ces institutions congréganistes que l'on proscrit, dont le principe originel et directif est précisément ce motif supérieur de la morale chrétienne si fécond en œuvres bienfaisantes pour les miséreux et les vaincus de la vie.

M. Georges Renard veut substituer à « l'idéal étriqué, mesquin, monastique » de l'Eglise « l'exaltation de toutes les puissances de l'homme, le développement de tout l'être humain. » On comprend à demi-mot : il s'agit des vœux de religion.

D'abord, pour le dire en passant, c'est le droit des catholiques, et de chaque citoyen, en vertu même de la liberté de penser et de la liberté de conscience, de placer dans l'idéal monastique, s'il leur plaît ainsi, le degré supérieur de la perfection morale ; et c'est une tyrannie que d'empêcher personne de poursuivre cet idéal. L'article 6 de la *Déclaration des droits* de 1793, après l'article 4 de la

Déclaration de 1791, prononce que « la liberté est le pouvoir qui appartient à l'homme de faire tout ce qui ne nuit pas à autrui. » Or qu'est-ce qui « nuit à autrui » dans la vie monastique volontairement embrassée et pratiquée ? Voilà pourquoi cette maxime libérale aurait dû suffire seule à la sauvegarde de nos congrégations.

Quoi qu'il en soit, je soutiens que l'idéal monastique est supérieur à celui de M. Renard. En quoi consiste, suivant ce philosophe, la supériorité morale d'un homme ? Dans l'activité « de toutes les puissances de la vie et de tout l'être humain ». J'ose dire qu'il n'y a dans ce concept rien que d'ordinaire et de commun, rien qui soit au-dessus des appétits les plus vulgaires. Désirer et poursuivre la plus grande somme de jouissances qu'il soit possible de se procurer sur la terre, cela est à la portée de toutes les âmes et de toutes les volontés. Où la supériorité morale apparaît, c'est dans le renoncement spontané et le libre sacrifice de choses inférieures, quoique légitimes, en vue d'une fin ou d'un bien d'une nature plus élevée. Jamais le jouisseur qui exerce « toutes ses puissances de vie » pour « développer tout son être humain » n'atteindra au-dessus d'un égoïsme plus ou moins grossier, d'un épicuréisme plus ou moins animal. L'homme ne s'agrandit moralement qu'en fixant son cœur et sa volonté plus haut que soi-même, et en s'attachant à un bien meilleur que celui de sa vie terrestre et matérielle. C'est ce qui fait la beauté du dévouement, de l'abnégation, du sacrifice ; c'est ce qui fait que la mort des héros est l'acte le plus grand de leur vie et le plus admiré de la conscience humaine. Non, vivre avec toute la plénitude de ses puissances et de son être ne constitue pas la suprême beauté morale aux yeux de l'humanité. L'idéal du Christ, à savoir, se renoncer, se dévouer et mourir pour l'amour de Dieu et des hommes, nous paraît quelque chose de plus grand. Est-ce que la jeune fille pauvre qui se voue à la domesticité et au célibat dans le but de subvenir aux besoins des siens, ne mène pas une vie moralement supérieure à celle des jouisseurs les plus dociles à la règle morale de M. Renard ? Eh bien, il se trouve des catholiques, hommes et femmes, qui, par amour de Dieu et du prochain, pour rendre à leurs frères des services d'assistance, d'enseignement et de religion, se vouent à la chasteté, à l'obéissance, à la pauvreté volontaire. Est-ce que ce triple renoncement, ce triple sacrifice accompli pour un si noble motif, ne constitue pas une supériorité morale sur ceux qui ne renoncent à rien et ne sacrifient rien, parce qu'ils bornent l'idéal de leur vie à l'exaltation égoïste de leurs puissances vitales, au développement égoïste de leur être humain ? L'idéal monastique est donc un idéal supérieur de vie et de dignité humaine.

Mais l'Eglise ne prescrit et n'impose nullement la pratique de la perfection morale ; elle ne fait point d'opposition à l'exercice honnête de « toutes les puissances de la vie » ni à la culture honnête de « tout l'être humain ». Donc sur ce point sa morale ne peut répugner au socialisme. Les socialistes n'ont qu'à s'en tenir à la pratique exacte des commandements ; personne ne veut les obliger à suivre les conseils évangéliques.

M. Renard a d'autres griefs contre la morale de l'Eglise. Elle « se borne à conseiller aux pauvres la résignation et aux riches la charité ». Quoi ! M. Renard n'a donc jamais lu l'encyclique de Léon XIII sur la condition des ouvriers ? S'il l'a lue, comment peut-il faire à l'Eglise un pareil reproche ? et si, chose incroyable, il ne l'a pas lue, comment ose-t-il parler de ce qu'il ignore volontairement ? Oui certes, l'Eglise prêche aux pauvres la résignation et aux riches la charité ; mais elle ne se borne pas à cela, car elle prêche aussi la justice, la loi du travail, le respect des droits des ouvriers, le devoir d'une fraternité toujours plus parfaite, la solidarité sociale la plus étendue. Pourquoi défigurer la doctrine morale de l'Eglise (1) ?

(1) Mot de Karl Marx : « La religion est l'*opium* du peuple. La suppression de la religion est donc la conséquence de la

Enfin M. Renard s'en prend à « la morale de la grâce » qui est, dit-il après Michelet, la morale de « l'injustice éternelle ». Beaucoup de socialistes et d'incroyants ont cette plaisante manie de s'aventurer sur le domaine théologique, où ils errent en vagabonds, comme à travers un pays inconnu dont ils ignorent les habitudes et le langage. Leurs découvertes se bornent d'ordinaire à quelques textes mal compris qu'ils jugent pleins d'horreurs. Souvent ils prennent les théories, ou les conclusions et les arguments d'un théologien, pour des doctrines de foi catholique. Il leur arrive aussi d'attribuer à un auteur la théorie même qu'il combat. Michelet et M. Renard se bornent à confondre le jugement que Dieu doit prononcer sur les actions des hommes avec les inextricables obscurités de la prédestination et de la grâce. L'Eglise enseigne, comme Jésus-Christ, qu'il « sera rendu à chacun selon ses œuvres ». Voilà la règle divine du jugement final (1). N'est-ce pas une règle de bonne et loyale justice ? Où seront l'arbitraire et le passe-droit ? Chacun recevra selon ses mérites. Cette assurance devrait suffire, me semble-t-il, à M. Michelet et à M. Renard. Evidemment, « la morale de

revendication du bonheur réel du peuple. » (Critique de la philosophie du droit de Hegel).

(1) *Evangile selon saint Matthieu*, chap. XVI, v. 27, — chap. XXV, v.v, 31-46.

la grâce » n'est pas la morale de « l'injustice éternelle ». Quant à l'accord de la grâce et du libre arbitre, de la prédestination et de la possibilité universelle du salut, je suis aux ordres de M. Renard, s'il veut se jeter dans ces difficiles controverses ; mais vraiment, en quoi le socialisme le plus rigide ou le collectivisme le plus mitigé sont-ils intéressés dans ce problème, tourment des théologiens ? C'est faire à l'Eglise une mauvaise et ridicule querelle.

Voilà les griefs de M. Georges Renard et des socialistes contre l'Eglise. J'espère que mes réponses paraîtront suffisantes à quelques lecteurs.

XIV

Avant de finir, ajouterai-je quelques lignes sur la séparation de l'Eglise et de l'Etat ?

M. Renard relève à bon droit l'opposition qui existe sur ce point entre le socialisme et la doctrine catholique. Il rappelle la cinquante-cinquième proposition du *Syllabus* : « L'Eglise doit être séparée de l'Etat, et l'Etat séparé de l'Eglise, » ainsi que les déclarations très explicites de Léon XIII dans l'encyclique sur le *ralliement*. « Les catholiques, y est-il dit, ne sauraient trop se garder de soutenir une telle séparation. »

Puisque M. Renard aborde cette question très actuelle, je ne refuse pas de le suivre sur ce terrain, après avoir fait observer, toutefois, que le socialisme n'est ici que l'allié de l'ancien libéralisme absolu et du radicalisme anticlérical, dont il épouse les passions haineuses contre l'Eglise romaine.

Rien de plus facile à justifier que l'anti-séparatisme des catholiques. Que se proposent la plupart des séparatistes ? Serait-ce de reconnaître et de garantir les libertés nécessaires de la conscience chrétienne, après avoir dénoncé le Concordat et supprimé le budget des cultes ? Point du tout, mais d'instituer, sous le titre de *droit commun*, un régime d'oppressions, de vexations, d'entraves de toutes sortes, sous lequel l'Eglise catholique pourrait à peine se mouvoir, agir et subsister. Quoi d'étonnant que les catholiques français ne se montrent guère épris de ce prétendu progrès politique et religieux ? Que les partisans de la séparation commencent par offrir à l'Eglise une situation meilleure que celle qui lui est faite par le Concordat, et les catholiques cesseront de redouter la rupture de ce pacte et le « divorce » des deux pouvoirs (1).

(1) *Concordat ou séparation*, par M. G. Noblemaire. Paris, librairie Bloud, 1904. « Si l'on pouvait garantir à l'Eglise de France, au lendemain de la séparation, seulement la dixième partie des libertés dont jouissent les Eglises d'Amérique, il

Non, certes, que le séparatisme puisse jamais leur paraître juste et légitime en soi. La thèse de droit théorique et absolu concernant les rapports des deux puissances demeure, à leurs yeux, la vérité et l'idéal. Etant donné que la religion est la loi fondamentale et nécessaire de la vie humaine et de la société, et que le catholicisme est l'unique religion établie par Dieu et obligatoire pour tous les hommes, il s'ensuit évidemment qu'il est du devoir de l'Etat, chez un peuple catholique, de reconnaître l'Eglise romaine comme divine, et par suite de lui garantir tous ses droits et toutes ses libertés. Il ne s'agit pas, bien entendu, de forcer personne à croire, car, d'après la doctrine expresse de l'Eglise, la foi est essentiellement un acte de liberté ; ni même d'user de violence contre les dissidents pacifiques, ou de défendre, avec le glaive de la loi, l'unité religieuse du pays, supposé qu'elle existe, contre de paisibles incroyants. La tolérance est un devoir que nous enseigne la Providence divine ; et l'histoire nous apprend qu'il n'est pas moins inutile qu'odieux d'employer la force brutale contre les idées et les croyances, dans le but de maintenir l'unité de la religion. La seule protection effective que l'Eglise de-

n'est pas un catholique qui ne devrait désirer la séparation de toute son âme, et, le cas échéant, la voter des deux mains...»

mande aujourd'hui à l'Etat, c'est de lui assurer la liberté. Quoi de plus logique et de plus sage que cette thèse catholique ?

Maintenant regardons la réalité des faits. Quelle serait la condition légale de l'Eglise de France après l'abrogation de la loi du 18 germinal an X, emportant dénonciation du Concordat du 26 messidor an IX ? D'abord, plus d'articles organiques : premier avantage ; ensuite, plus d'immixtion de l'Etat dans les nominations des dignitaires ecclésiastiques, évêques, vicaires généraux, chanoines, curés : second avantage ; puis, liberté pour l'Eglise de fonder et d'organiser évêchés et paroisses, et de se gouverner elle-même conformément à sa législation intérieure : troisième avantage. Comptons aussi les inconvénients. Les deux plus graves seraient la suppression du budget des cultes et la désaffectation des *édifices* dont l'Eglise n'a que la jouissance : temples, évêchés, presbytères et séminaires (1).

Je sais bien que le budget est une dette antérieure au Concordat, et qu'il resterait encore dû à l'Eglise si cette convention

(1) Ce serait une injustice trop criante, sans doute, que de *voler* aux catholiques les immeubles qu'ils ont construits de leurs deniers ou les biens qu'ils ont amassés pour les besoins de leur culte, depuis le Concordat. Quoique, après ce que l'on a osé contre les religieux !...

était dénoncée. De même, pour les édifices dont l'Etat prit injustement possession en nationalisant les biens ecclésiastiques : ils devraient faire retour à l'Eglise, suivant leur destination première. Mais je sais aussi que les séparatistes se refusent à reconnaître pour l'Etat de pareilles obligations. Donc l'Eglise, une fois la séparation faite, n'aura plus ni le budget des cultes ni les immeubles nationalisés par l'Etat. Il lui restera seulement, dans la personne des citoyens catholiques, les libertés communes à tous les citoyens français.

Mais ces libertés communes pourront-elles suffire à son bon fonctionnement, si le droit commun est mesuré au seul besoin des associations qui n'ont pas l'universalité, la mission morale, le caractère divin, l'action mystique et la puissance spirituelle, ni par suite les nécessités d'autonomie et d'indépendance du catholicisme ? Voilà le point obscur du régime séparatiste qui nous menace. En proscrivant les congrégations et l'enseignement congréganiste, en réclamant l'interdiction du droit d'enseigner pour le clergé séculier lui-même, les anticléricaux justifient toutes nos appréhensions.

Eh bien, il se trouve, quand même, en France, de nombreux catholiques, qui ne reculeraient pas devant les inconvénients de la séparation, tant ils sont las des avanies, des insultes et des injustices que subit la religion sous ce régime concordataire ; tant le mépris que l'Etat fait de l'Eglise blesse leur dignité et excite leurs ressentiments ; tant ils sont humiliés de recevoir de l'Etat, dont la mauvaise humeur et l'insolence croissent sans cesse, le « don » annuel du budget ; tant l'hypocrisie et la fausseté de la situation présente répugnent à leur loyauté ; tant enfin l'intrusion des hommes politiques, des francs-maçons, des ennemis notoires de l'Eglise, dans les nominations ecclésiastiques, et celle des agents de l'Etat dans l'administration des diocèses, leur apparaît comme une dangereuse et intolérable tyrannie. Mais ces catholiques, dont le nombre va croissant, pourquoi le nier ? depuis que pèse sur nous la politique brutale et haineuse de M. Combes, oublient trop, je le dis à regret, que la séparation, loin d'améliorer l'état actuel des choses, aurait sans doute pour but et pour effet de l'aggraver à notre détriment. Et qui sait si le suffrage universel, méfiant et hostile, n'encouragerait pas encore un peu plus les anticléricaux dans la guerre injuste qu'ils ne cesseraient pas de mener contre l'Eglise et contre Dieu ?

Quoi qu'il en soit, dans les circonstances politiques où nous sommes, toutes réserves faites en faveur des doctrines et des droits historiques de l'Eglise, je dirai simplement à M. Renard :

« Vous désirez savoir, monsieur, si j'admets la rentrée de toutes les Eglises dans le droit commun, et la mise de la religion au rang d'affaire purement privée ? Avant de vous répondre, dites-moi, je vous prie, si vous admettez, vous, que le socialisme doive garantir aux citoyens la jouissance de toutes les libertés nécessaires de leur conscience religieuse, et partant la libre organisation et le libre fonctionnement de leurs Eglises ? Si non, quelle insolence est la vôtre de me demander si j'accepte votre tyrannie ? Si oui, pourquoi donc approuvez-vous les lois contre nos congrégations, alors que ces lois sont des attentats répétés contre la liberté chrétienne ? Mettez en pratique, dès maintenant, un sincère libéralisme à l'égard de la religion, afin que je puisse croire en votre libéralisme pour le temps à venir ; faites que la séparation et le droit commun apparaissent aux catholiques sous les couleurs de la liberté, et ne doutez pas de ma réponse : Entre un Concordat devenu un instrument d'oppression anticléricale, et la liberté religieuse complète et égale pour tous, j'opte pour la liberté (1). »

(1) Extrait de la *Déclaration des Cardinaux français* du 16 janvier 1892 : « Il ne saurait convenir aux catholiques de provoquer la rupture entre l'Église et la République...

M. Renard est-il satisfait de mes explications ? J'attends donc qu'il souscrive à ces lignes de M. Schaeffle dans *la Quintessence du socialisme :* « Si le socialisme se réalise, tout ce qui concerne le culte sera probablement à la charge des cotisations volontaires des coreligionaires. D'ailleurs, *il est possible,* encore que peu probable, que l'Eglise soit entretenue par l'Etat et traitée au point de vue financier comme institution publique. En tout cas, l'Eglise pourrait subsister à titre d'association libre entretenue par les libres subsides de ses adhérents. Cette forme sera celle de beaucoup d'autres associations constitués indépendamment de l'Etat avec des fins religieuses, scientifiques, techniques, politiques et sociales... *Il est donc possible* de concevoir, dans l'Etat socialiste, une combinaison qui assure l'existence matérielle de l'Eglise (1). » M. Renard est-il de l'avis de M. Schæffle ? Admet-il, dans la société socialisée, l'existence d'associations autonomes, capables de posséder les biens nécessaires à leur fonctionnement, organisées non pour vivre au jour le jour, mais pour une durée per-

Mais les avantages matériels et moraux que le Concordat leur assure, ne sont pas de ceux que l'on doit préférer à tout... Nul doute que si le Pape Pie VII eût envisagé le Concordat *comme un instrument de gouvernement entre les mains de la puissance séculière,* il eût préféré abandonner l'Eglise de France à la situation précaire où la Révolution l'avait laissée. »

(1) Chap. VIII.

pétuelle, libres d'exercer auprès des citoyens un ministère religieux tel que celui de l'Eglise catholique romaine ? Si oui, — et ce devrait être oui, d'après son système des associations propriétaires — que ne montre-t-il la sincérité de son libéralisme en réclamant avec nous la liberté des congrégations ? si non, que lui faut-il de plus pour s'expliquer et se justifier l'antisocialisme de l'Eglise en face d'un pareil anticatholicisme ?

XV

Je reviens maintenant au sujet de cette brochure : *Un catholique fidèle peut-il être socialiste ?*

Voici ma réponse :

1° Le mot de *socialisme* se prend d'ordinaire en mauvaise part, tant au point de vue social, politique ou économique, qu'au point de vue religieux. Il évoque des doctrines, des aspirations, des tendances contraires au droit naturel fondamental de la société humaine, ainsi qu'au christianisme. C'est un *bloc* non moins antisocial qu'anticatholique (1). Des

(1) Les bourgeois inintelligents qui marchent avec les socialistes dans la guerre contre l'enseignement religieux, pourraient méditer avec profit, peut-être, deux considérants des vœux du congrès de Reims de 1903. En voici la teneur exacte d'après l'*Eclair* du 1er octobre : « Considérant que l'Etat qui est exploi-

maux sans nombre, y compris la misère et la tyrannie, fondraient sur les peuples, si jamais le parti socialiste, qui ne reculerait certainement pas devant l'emploi des moyens violents et révolutionnaires, arrivait au pouvoir.

En conséquence, un catholique fidèle doit éviter de se parer de ce terme malsonnant et ambigu.

2° Mais, comme la fraternité chrétienne, qui doit régner de plus en plus dans la société, ouvre la porte aux plus larges réformes que puissent exiger la solidarité humaine et la justice sociale, s'il se rencontre que le terme de « socialiste » revête un sens acceptable ; qu'il désigne, par exemple, quiconque veut procurer, avec l'aide de l'Etat, l'amélioration du sort des travailleurs, ou bien quiconque est partisan de telle ou telle réforme que la doctrine catholique ne repousse point ; surtout si cette acception du mot *socialisme* est

teur du travail salarié et qui partage avec les capitalistes les vols qu'ils commettent personnellement sur le travail salarié, ne donne qu'une instruction corrompue par les *notions bourgeoises* sur la propriété, la justice, la légalité, les droits de l'homme, la patrie, la gloire et l'honneur militaire, la liberté du travail, etc. ; considérant que ces *notions bourgeoises,* qui *ne sont pas moins dangereuses que les dogmes démodés des religions,* ne sont enseignées dans les écoles primaires que pour préparer dès l'enfance les travailleurs à se soumettre au joug du capital, à vivre de privations à côté des croissantes richesses qu'ils produisent, et à accepter sans révolte les inégalités et les iniquités sociales »... le congrès émet le vœu qu'il soit formé des conseils élus purement ouvriers de contrôle scolaire, etc.

usuelle et familière au peuple pour désigner un *large réformisme social :* il peut alors être nécessaire d'employer cette expression, afin de ne point passer pour ennemi de la justice et de la solidarité sociales. Toutefois, lorsqu'on emprunte ce langage, la loyauté exige que l'on s'explique nettement et sans équivoque, pour n'être pas confondu avec les socialistes que l'Eglise et le bon sens populaire condamnent également.

3° Il importe enfin, avant de conclure, de rappeler que le programme réformiste du *catholicisme social* ou de la *démocratie chrétienne,* inspiré des maximes évangéliques de la fraternité, peut donner satisfaction à tous les besoins de solidarité, de mieux être, d'égalité et de dignité civique, qui sont au cœur des prolétaires honnêtes et laborieux.

Donc un « catholique social », un « démocrate chrétien » apporte au peuple tout ce qu'il y a de juste et de vrai dans le socialisme.

A l'heure présente, le socialisme se dresse au milieu des nations chrétiennes comme le précurseur et l'agent d'une révolution qui ne se bornera pas à abolir le régime de la propriété capitaliste et à libérer les travailleurs de la servilité du salariat, mais qui s'efforcera d'établir un ordre social nouveau sur les bases de l'antichristianisme, sur les fondements du matérialisme athée. Serait-ce un progrès et un profit pour la classe prolétarienne ? Non certes, mais plutôt l'avènement d'un régime de servitude et de misère, dont les horreurs de l'esclavage antique ou des anciens bagnes pourraient seules nous donner une idée.

Voilà pourquoi l'Eglise de Jésus-Christ, qui aime les hommes, à l'exemple du divin Maître, encore qu'elle ne cherche que leurs intérêts éternels, réprouve et condamne le socialisme. Dieu préserve à jamais le monde de cet effroyable ouragan des appétits déchaînés de la bête humaine !

TABLE DES MATIÈRES

1081-04 — Imp. des Orphelins-Apprentis, F. Blétit,
40, rue La Fontaine, Paris-Auteuil.

tament. Le P. Rose, professeur à l'Université de Fribourg (Suisse), vient de publier les trois Évangiles Synoptiques. L'ouvrage,en trois volumes,est disposé de telle manière que chaque page est, pour ainsi dire, à deux compartiments : en haut la traduction, en bas le commentaire. On s'est servi, pour l'impression, de caractères différents : cela permet à l'œil de suivre avec plus de facilité d'une page à l'autre, soit la traduction, soit le commentaire, et, afin d'alléger celui-ci, les notes imprimées en caractères moindres constituent pour certaines pages une troisième section.

Voici grâce à quel esprit la traduction des Synoptiques a pu être renouvelée et même rajeunie. Le P. Rose travailla sur le *grec,* en tenant compte des meilleures leçons et des variantes ; sa traduction est *littérale ;* le traducteur s'est efforcé constamment de retrouver dans sa propre langue la *couleur,* ou si l'on veut la saveur, non moins que le *mouvement* que les auteurs (cela est surtout sensible chez saint Marc) ont mis dans leur pensée et dans leur rédaction du texte sacré.

Quant au commentaire, c'est d'après les principes suivants qu'il a été conçu et exécuté : 1° Reléguer ce qui traîne partout de l'érudition archéologique et géographique, depuis que les travaux anglais et allemands ont été exploités par les exégètes pragmatiques de langue française. 2° Saisir la pensée personnelle de chaque évangéliste dont la physionomie intellectuelle, non moins que le caractère moral et le rôle, est attestée dans la tradition catholique et figurée, on le sait, par des symboles prophétiques et apocalyptiques : à cette fin, découvrir le point de vue duquel l'évangéliste a contemplé la personne et l'œuvre de Jésus-Christ, préciser le but qu'il a visé et démêler les moyens dont il a fait choix, retrouver ainsi le secret de la composition de son Evangile, indiquer enfin de quelles données il a été inspiré pour organiser la vie de Jésus, d'un mot capter la pensée chrétienne à sa source littéraire. 3° Consacrer une étude plus approfondie à certains faits vitaux de tout le corps synoptique, tels que l'évangile de l'enfance, la tentation messianique, le discours sur la montagne et le discours dans la plaine, les paraboles, les annonces de la Passion, les discours apocalyptiques, les récits de la Résurrection, etc. 4° Enfin mettre à contribution, et d'experte manière, les meilleurs commentateurs de la tradition ecclésiastique, Origène, saint Augustin, saint Jérôme, parmi les Pères, et après eux, saint Thomas d'Aquin, Maldonat, etc...

En tête de chaque volume se trouve une introduction sur l'auteur de l'Evangile. Des traits généraux, mais suffisamment accusés marquent le dessin synthétique de la composition du livre ; par exemple, chez saint Marc, le P. Rose relève son souci du secret messianique, chez saint Matthieu la détermination d'une phase *spirituelle* du royaume de Dieu, et chez saint Luc il décèle ce véritable paulinisme dont certains critiques se croient autorisés à retrouver l'influence sur saint Marc.

Quant à la date de composition des Synoptiques, le P. Rose s'est arrêté à la chronologie laissée par saint Irénée. Il faut signaler ce qu'il y a de piquant dans l'attitude de ceux des exégètes catholiques qui se fient aveuglément au témoignage de ce Père pour établir l'authenticité du quatrième Evangile, et s'accordent le droit de le rejeter touchant les Synoptiques.

On ne peut douter que tout lecteur cultivé et averti saura trouver plaisir et profit à cette *nouvelle* traduction et à ce *nouveau* commentaire des Evangiles Synoptiques : les sources de la Pensée chrétienne invitent à s'y retremper.

Collection

"LA PENSÉE CHRÉTIENNE"

Ecriture Sainte, Pères de l'Eglise, Ecrivains ecclésiastiques, Auteurs chrétiens, Littérature documentaire.

TEXTES ET ÉTUDES

Extraits en langue française, reliés par des analyses, annotés et précédés d'une Introduction historique et critique.

Volumes grand in-16, à prix variés.

La collection que nous entreprenons sous le titre *La Pensée Chrétienne* a le but franchement utilitaire de mettre à la portée du plus grand nombre possible de lecteurs les parties les plus essentielles de l'Ecriture sainte, les principaux monuments de la Tradition et les œuvres particulièrement importantes des auteurs chrétiens.

Le plan de cette collection comporte une traduction partielle de l'Ancien Testament, une traduction intégrale du Nouveau, enfin des Extraits abondants, en langue française, des Pères de l'Eglise, des Grands Scolastiques et des Maîtres de la pensée chrétienne moderne.

Cette importante publication, facilitant le recours aux textes — qui s'y trouveront présentés sous une forme facilement accessible à tous — est destinée, dans l'esprit de ses fondateurs, à promouvoir l'étude positive du Christianisme spéculatif.

Pour atteindre ce résultat, il a paru que le mieux serait de publier, non des *études* ou *monographies* qui, si objectives soient-elles, montrent toujours œuvres et hommes à travers le prisme d'un cerveau étranger, mais des Extraits copieux. Ces Extraits, traduits et annotés, reliés entre eux par de brèves analyses, précédés, sauf exception justifiée, d'introductions biographiques et bibliographiques, permettront au lecteur d'entendre chacun développer lui-même la synthèse intégrale ou les théories particulières que lui a inspirées sa foi. Cet exposé purement descriptif, où se trouveront étalées, dans leur variété infinie, les splendeurs de la théologie et de la philosophie chrétiennes, suffira, on l'espère, à ruiner le vieux préjugé qui veut que le Christianisme, imposant uniformément à tous les croyants un dogme immuable, opprime les individualités et détruise leur légitine autonomie.

En résumé, la collection *La Pensée Chrétienne,* œuvre de haute vulgarisation, formera dans son ensemble, avec ses quatre groupes : **biblique, patristique, scolastique, moderne,** le tableau le plus complet et le plus suggestif de l'*évolution dogmatique* et, plus généralement, de *la vie intellectuelle dans le christianisme à travers les âges*.

Liste des ouvrages en un ou plusieurs volumes qui *sont en préparation* et paraîtront selon l'ordre de leur achèvement, dans la collection **La Pensée Chrétienne.**

Ecriture Sainte

Les Prophètes. — Les Hagiographes. — Le Pentateuque. — Evangile selon saint Jean. — Actes des Apôtres. — Epîtres Catholiques. — Apocalypse. — Epîtres de saint Paul.

Pères de l'Eglise

Les Pères apostoliques et la littérature chrétienne primitive. — Saint Justin et les Apologistes du second siècle. — Saint Irénée. — Saint Cyprien. — Saint Athanase. — Origène. — Tertullien. — Saint Basile. — Saint Grégoire de Nysse. — Saint Grégoire de Nazyanze. — Saint Cyrille d'Alexandrie. — Saint Cyrille de Jérusalem. — Théodoret. — Saint Augustin. — Saint Vincent de Lérins. — Saint Prosper d'Aquitaine. — Saint Hilaire de Poitiers. — Saint Ambroise. — Saint Jean Damascène. — Saint Bernard.

Auteurs scolastiques

Albert le Grand. — Saint Thomas.

Auteurs modernes

XVIIe siècle : Saint François de Sales. — Fénelon. — Pascal. — Malebranche. — Descartes.

XVIIIe siècle : Berkeley.

XIXe siècle : De Bonald. — De Maistre. — Châteaubriand. Lamennais. — Newmann.

PRINCIPAUX COLLABORATEURS :

MM. *Ferdinand Brunetière* et *Paul Bourget*, de l'Académie française.

MM. *Victor Delbos*, professeur à la Sorbonne ; *Albert Dufourcq* et *F. Strowski*, professeurs à l'Université de Bordeaux ; *Thouverez*, professeur à l'Université de Toulouse ; *Audollent*, professeur à l'Université de Clermont-Ferrand ; *G. Michaut*, professeur à l'Université de Lille.

MM. *René Doumic*, *Georges Goyau*, *Victor Giraud*, *Michel Salomon*, *A. Baudrillart*.

Les RR. PP. *Rose*, *Calmes* et *Lemonnyer*.

MM. *Labauche*, *Pourat*, *Touzard*, directeurs au grand Séminaire de Saint-Sulpice ; *M. Paulet*, professeur au petit Séminaire de Notre-Dame-des-Champs ; *M. Giraud*, directeur au grand Séminaire de Bordeaux.

MM. *Henri Brémond*, *Henri Chérot*, *F. Prat*, *E. Griselle*, rédacteurs aux Etudes.

MM. les Abbés *Birot*, vicaire général d'Albi ; *Valentin*, professeur à l'Institut catholique de Toulouse ; *Félix Klein*, professeur à l'Institut Catholique de Paris ; *V. Ermoni*, *E. Vacandard*, *J. Turmel*, *J. Labourt*, *A. Largent*, *P. Godet*, *L. Laberthonnière*, *L. Vénard*.

29 **L'Attitude du catholique devant la science,** par G. Fonsegrive ... 1 vol.
30 *Du même auteur :* **Le Catholicisme et la Religion de l'Esprit** ... 1 vol.
31 **Du Doute à la Foi,** le besoin, les raisons, les moyens, le devoir, la possibilité de croire, par le R. P. Tournebize, S. J., avec lettre-préface de M. F. Coppée, de l'Académie française ... 1 vol.
32 **La Synagogue moderne,** sa doctrine et son culte, par A.-F. Saubin ... 1 vol.
33 **Evolution régulière et Immutabilité de la doctrine religieuse dans l'Eglise,** par M. Prunier, supér. du grand séminaire de Séez ... 1 vol.
34 **La Religion spirite,** son dogme, sa morale et ses pratiques, par I. Bertrand ... 1 vol.
35 **L'Hypnotisme franc et l'Hypnotisme vrai,** par le Docteur Hélot ... 1 vol.
36 **Convenance scientifique de l'Incarnation,** par Pierre Courbet ... 1 vol.
37 **L'Eglise et le Travail manuel,** par M. l'abbé Sabatier, du clergé de Paris ... 1 vol.
38 **L'Inquisition,** son rôle religieux, politique et social, par G. Romain ... 1 vol.
39 **L'Hypnotisme et la Science catholique,** par A. Jeanniard du Dot ... 1 vol.
40 **Unité de l'espèce humaine,** *prouvée par la similarité des conceptions et des créations de l'homme,* par le marquis de Nadaillac ... 1 vol.
41 **Le Socialisme contemporain et la Propriété.** — *Aperçu historique,* par M. Gabriel Ardant ... 1 vol.
42 **Pourquoi le Roman immoral est-il à la mode et pourquoi le Roman moral n'est-il pas à la mode ?** *Etude sociale et littéraire,* par G. d'Azambuja ... 1 vol.
43 **Opinions du jour sur les peines d'Outre-tombe.** *Feu métaphorique. — Universalisme. — Conditionnalisme. — Mitigations,* par le R. P. Tournebize, S. J ... 1 vol.
44 **Le Talmud et la Synagogue moderne,** par A. F. Saubin. 1 vol.
45 **L'Occultisme ancien et moderne.** — *Les mystères religieux de l'antiquité païenne. — La Kabbale maçonnique. — Magie et Magiciens fin de siècle,* par I. Bertrand ... 1 vol.
46 47 *L'Evolution est-elle une loi générale de la vie ?* **L'Homme et le Singe,** par le marquis de Nadaillac. 2 vol. Prix : 1 fr. 20
48 *L'Ordre de la nature et le Miracle,* **Faits surnaturels et Forces naturelles, chimiques, psychiques, physiques,** par le R. P. de la Barre, S. J ... 1 vol.
49 **Comment se sont formés les Evangiles.** *La Question synoptique. — L'Evangile de saint Jean,* par le P. Th. Calmes, professeur au grand séminaire de Rouen ... 1 vol.
50 **L'Hypnotisme transcendant en face de la philosophie chrétienne,** par A. Jeanniard du Dot ... 1 vol.
51 **L'Impôt et les Théologiens.** *Etude philosophique, morale et économique,* par le comte Domet de Vorges ... 1 vol.
52 **Nécessité mathématique de l'existence de Dieu.** *Explications. — Opinions. — Démonstration,* par René de Cléré. 1 vol.
53 **Saint Thomas et la Question juive,** par Simon Deploige, professeur à l'Université catholique de Louvain ... 1 vol.
54 **Premiers principes de Sociologie catholique,** par l'abbé Naudet, professeur au Collège libre des sciences sociales. 1 vol.
55-56 **Le Déluge de Noé et les races Prédiluviennes,** par C. de Kirwan ... 2 vol. Prix : 1 fr. 20

57 **La Patrie.** — *Aperçu philosophique et historique*, par J.-M. VILLEFRANCHE.. 1 vol.
58 *Protestants et Catholiques au XVIe siècle.* — **La Saint-Barthélemy,** par Henri HELLO.................................... 1 vol.
59 **L'Esprit et la Chair.** *Philosophie des macérations*, par Henri LASSERRE.. 1 vol.
60 **L'Esprit chrétien et les Affaires,** par G. D'AZAMBUJA. 1 vol.
61 **Les Ressorts de la Volonté et le libre Arbitre,** par le comte DOMET DE VORGES.. 1 vol.
62-63 **Le Levier d'Archimède ou la Mécanique céleste et le Céleste Mécanicien,** par le R. P. ORTOLAN. 2 vol. Prix : 1 fr. 20
64 **Ce que le Christianisme a fait pour la Femme,** par G. D'AZAMBUJA.. 1 vol.
65 **L'Hypnotisme et la Stigmatisation,** par le Dr A. IMBERT-GOURBEYRE.. 1 vol.
66 **L'Education chrétienne de la Démocratie,** *Essai d'apologétique sociale*, par l'abbé Ch. CALIPPE................................ 1 vol.
67 **La Religion catholique peut-elle être une science ?** par l'abbé G. FRÉMONT.. 1 vol.
68 *Même auteur :* **Que l'Orgueil de l'Esprit est le grand écueil de la Foi.** *Théodore Jouffroy, Lamennais, Ernest Renan.* 1 vol.
69 **La Révélation devant la Raison,** par F. VERDIER, supérieur de grand séminaire.. 1 vol.
70 **Confréries musulmanes.** — *Histoire.* — *Discipline.* — *Hiérarchie*, par le R. P. PETIT.. 1 vol.
71 **Pratique de la Liberté de conscience dans nos Sociétés contemporaines,** par le chanoine CANET................................ 1 vol.
72 **Comment peut finir l'Univers,** d'après la science et d'après la Bible, par C. DE KIRWAN.. 1 vol.
73 **Les Théories modernes de la Criminalité,** par le Dr DELASSUS.. 1 vol.

Faillite du Matérialisme, par Pierre COURBET. 3 vol. *se vendant séparément :*

74 I. — *Historique*.. 1 vol.
75 II. — *Discussion ; l'atome et le mouvement*............................ 1 vol.
76 III. — *Discussion ; l'éther, le gaz, l'attraction.* — *Conclusion.* — *Appendice*.. 1 vol.

Le Globe terrestre, par A. DE LAPPARENT, membre de l'Institut. 3 vol. *se vendant séparément :*

77 I. — *La Formation de l'écorce terrestre*............................ 1 vol.
78 II. — *La Nature des mouvements de l'écorce terrestre.* 1 vol.
79 III. — *La Destinée de la terre ferme et la Durée des temps.* 1 vol.
80 **De la connaissance du Beau,** *sa définition, application de cette définition aux beautés de la nature*, par l'abbé GABORIT. 1 vol.
81 **Le Diable dans l'Hypnotisme,** par le docteur Ch. HÉLOT 1 vol.
82 **De la Prospérité comparée des nations catholiques et des nations protestantes,** *au point de vue économique — moral — social*, par le R. P. FLAMÉRION, S. J................................ 1 vol.
83 **L'Art et la Morale.** — *L'art indépendant.* — *L'art apôtre.* — *L'art dangereux.* — *L'art pervers.* — *Le nu dans l'art*, par le R. P. SERTILLANGES, O. P.. 1 vol.
84 **La Sorcellerie,** par I. BERTRAND.................................... 1 vol.
85 **Qu'est-ce que l'Ecriture Sainte ?** — *Les livres inspirés dans l'antiquité chrétienne.* — *Théorie de l'inspiration*, par le P. Th. CALMES.. 1 vol.
86 **Le Problème de la Vie ou le Principe vital devant la Science et la Métaphysique,** par l'abbé C. MANO, docteur en philosophie.. 1 vol.

SCIENCE ET RELIGION

Études pour le temps présent. — Prix 0 fr. 60 le vol.

87 **L'Autorité humaine des Livres saints,** par le P. Méchineau, S. J.......... 1 vol.

88 **Qu'est-ce que le Miracle?** *Analyse de sa notion. Ses éléments constitutifs,* par l'abbé E. Coste, docteur en philosophie.. 1 vol.

89 **Les Trois formes du Surnaturel.** *Le Miracle, la Révélation et la Grâce,* par Pierre Vallet, P. S. S.......... 1 vol.

90 *Du même auteur :* **Dieu principe de la loi morale...** 1 vol.

91-92 **La Bible depuis ses origines jusqu'à nos jours,** par l'abbé C. Chauvin, consulteur de la « *Commission biblique* » 2 vol.
Chaque volume se vend séparément.

I. — *La Bible chez les Juifs*.......... 1 vol.
II. — *La Bible dans l'Eglise catholique*.......... 1 vol.

93-94-95 **Etudes sur l'origine de la Société,** par le R. P. Montagne, professeur à l'Institut catholique de Toulouse.......... 3 vol.
Chaque volume se vend séparément.

I. — *La Théorie du Contrat social*.......... 1 vol.
II. — *La Théorie de l'Organisme social, d'après l'Ecole naturaliste*.......... 1 vol.
III. — *La Théorie de l'Etre social, d'après saint Thomas d'Aquin* 1 vol.

96 **Le Problème de la Souffrance humaine.** — *Pourquoi souffrir? Triple réponse chrétienne,* par le P. Badet, de l'Oratoire. 1 vol.

97 **Le Matérialisme et la Nature de l'Homme,** par M. l'abbé G. Contestin.......... 1 vol.

98 99 100 **Le Mouvement religieux en Angleterre au XIXe siècle,** par le R. P. Ragey.......... 3 vol.
Chaque volume se vend séparément.

I. — *L'Anglicanisme*.......... 1 vol.
II. — *Le Ritualisme*.......... 1 vol.
III. — *Le Catholicisme en Angleterre*.......... 1 vol.

101 **La Liberté d'Enseignement.** *Aperçu historique,* par M. Laurent.......... 1 vol.

102 103 104 **Rivalités scientifiques, ou la Science catholique et la prétendue impartialité des historiens,** par le R. P. Ortolan. 3 volumes se vendant séparément.

I. — *La Manie du dénigrement*.......... 1 vol.
II. — *Les Fausses Réputations*.......... 1 vol.
III. — *Les Oubliés*.......... 1 vol.

105 **L'Occultisme contemporain.** — *Ses doctrines et ses divers systèmes,* par Charles Godard, Docteur ès lettres.......... 1 vol.

106 **Evolution, Progrès et Liberté,** par Pierre Vallet, P. S. S.......... 1 vol.

107 **Les Morts reviennent-ils?** par I. Bertrand.......... 1 vol.

108 **Les Qualités de l'Educateur,** par J. Guibert, P. S. S. 1 vol.

109 **La Bible et les théories scientifiques.** — *L'Eglise infaillible gardienne des divines Ecritures. Son attitude en face de la science,* par l'abbé Bénoni Colomer, professeur d'Ecriture Sainte. 1 vol.

110 **L'Origine apostolique du Nouveau Testament,** par le P. Lucien Méchineau, S. J.......... 1 vol.

111 **Hasard ou Providence.** — *Le Problème des causes finales,* par le R. P. J.-D. Folghera, O. P.......... 1 vol.

112 **La Conservation de l'Energie et la Liberté morale,** par le R. P. de Munnynck, O. P.......... 1 vol.

113 114 **Le Péché originel dans Adam et ses descendants.** *Exposé apologétique,* par le R. P. Le Bachelet, S. J., 2 vol. Prix : 1 fr. 20

115 116 **Le Monde juif au temps de Jésus-Christ et des Apôtres,** par l'Abbé BEURLIER, docteur en Théologie et ès Lettres.. 2 vol. Prix : 1 fr. 20

117 **Le Dogme chrétien dans la religion juive,** par A.-F. SAUBIN.. 1 vol.

118 119 **Le Régime corporatif et l'Organisation du travail,** par le R. P. G. DE PASCAL.

I. — *Le Passé*.. 1 vol.

II. — *L'Avenir*.. 1 vol.

120 **Le Dogme de l'Eucharistie.** — *Essai d'explication,* par A. LERAY, prêtre eudiste.. 1 vol.

121 122 **Les Raisons de ma croyance,** par le cardinal MANNING, traduit de l'anglais par l'abbé E. Peltier.. 2 vol. Prix : 1 fr. 20

123 *Le Monde des Esprits.* **Anges et Démons,** par le R. P. DOM MARÉCHAUX, O. S. B.. 1 vol.

124 125 **Le Mouvement féministe.** — *Ses causes.* — *Son avenir.* — *Solution chrétienne,* par la comtesse Marie DE VILLERMONT. 2 vol. Prix : 1 fr. 20

126 **Le Brahmanisme,** par Ch. GODARD.. 1 vol.

127 *Du même auteur :* **Le Fakirisme**.. 1 vol.

128 129 **L'Eglise grecque-orthodoxe et l'Union,** par le P. François TOURNEBIZE, S. J.. 2 vol. Prix : 1 fr. 20

130 131 **Analogies de la Science et de la Religion,** par Pierre COURBET.. 2 vol. Prix : 1 fr. 20

132 **L'Education supérieure des Femmes,** par Mgr SPALDING, traduit de l'anglais par l'abbé Félix Klein.. 1 vol.

133 **Le Beau dans les Œuvres littéraires,** par l'abbé GABORIT 1 vol.

134 **L'Eglise et le Droit des Gens,** par le R. P. G. DE PASCAL.. 1 vol.

135 **L'Enfance du Christ d'après les Traditions juives et chrétiennes,** par M. l'abbé C. CHAUVIN.. 1 vol.

136 *Du même auteur :* **Le Purgatoire, s'il existe, et ce qu'il est**.. 1 vol.

137 **Le Repos dominical,** *Bonheur de l'Individu, de la Famille et de la Société,* par le P. François TOURNEBIZE, S.J.. 1 vol.

138 **Les Miracles de l'Evangile,** par P. VALLET, P. S. S. 1 vol.

139 **Histoire et Légende de la Congrégation** (1801-1830), par J. M. VILLEFRANCHE.. 1 vol.

140 141 **Pour et contre l'Evolution,** ou *Etude sur l'origine des Espèces,* par l'abbé LEROY.. 2 vol. Prix : 1 fr. 20

142 **L'Origine mosaïque du Pentateuque,** par le P. Lucien MÉCHINEAU, S. J.. 1 vol.

143 **L'Homme animal et l'Homme social,** *d'après l'Ecole matérialiste,* par C. de KIRWAN.. 1 vol.

144 **La Révocation de l'Edit de Nantes, ses causes et ses conséquences,** par L. DIDIER, Agrégé de l'Université... 1 vol.

145 146 **Les Doctrines sociales catholiques en France** *depuis la Révolution jusqu'à nos jours,* par Victor DE CLERCQ. Avant-propos par Georges GOYAU.. 2 vol. Prix : 1 fr. 20

147 **La Femme chrétienne au Temps des persécutions, son influence et son rôle.** *Etude historique,* par le P. BADET, de l'Oratoire.. 1 vol.

148 **La Providence.** *Conservation des êtres créés. — Gouvernement du monde. — Répartition des biens et des maux,* par G. CONTESTIN.. 1 vol.

149 **Théorie de l'Education,** par L. LABERTHONNIÈRE, de l'Oratoire.. 1 vol.

Collection

« LA PENSÉE CHRÉTIENNE »

TEXTES ET ÉTUDES

Volumes grand in-16 à prix variés.

La nouvelle collection que nous entreprenons sous le titre *La Pensée chrétienne* a pour but de mettre à la portée du plus grand nombre possible de lecteurs les parties les plus essentielles de l'Ecriture sainte, les principaux monuments de la Tradition et les œuvres particulièrement importantes des auteurs chrétiens.

Le plan de cette collection comporte une traduction partielle de l'Ancien Testament, une traduction intégrale du Nouveau, enfin des Extraits abondants, en langue française, des Pères de l'Eglise, des Grands Scolastiques et des Maîtres de la pensée chrétienne moderne.

Cette importante publication, facilitant le recours aux textes — qui s'y trouveront présentés sous une forme facilement accessible à tous — est destinée, dans l'esprit de ses fondateurs, à promouvoir l'étude positive du Christianisme spéculatif.

Pour atteindre ce résultat, il a paru que le mieux serait de publier, non des *études* ou *monographies* qui, si objectives soient-elles, montrent toujours œuvres et hommes à travers le prisme d'un cerveau étranger, mais des EXTRAITS copieux. Ces EXTRAITS, traduits et annotés, reliés entre eux par de brèves analyses, précédés, sauf exception justifiée, d'introductions biographiques et bibliographiques, permettront au lecteur d'entendre chacun développer lui-même la synthèse intégrale ou les théories particulières que lui a inspirées sa foi. Cet exposé purement descriptif, où se trouveront étalées, dans leur variété infinie, les splendeurs de la théologie et de la philosophie chrétiennes, suffira, on l'espère, à ruiner le vieux préjugé qui veut que le Christianisme, imposant uniformément à tous les croyants un dogme immuable, opprime les individualités et détruise leur légitime autonomie.

En résumé, la collection *La Pensée chrétienne* (*sur laquelle nous appelons la bienveillante attention* des centaines de mille lecteurs et amis de *SCIENCE ET RELIGION*) formera dans son ensemble, avec ses quatre groupes : **biblique, patristique, scolastique, moderne,** le tableau le plus complet et le plus suggestif de *l'évolution dogmatique* et, plus généralement, de *la vie intellectuelle dans le christianisme à travers les âges*.

DEMANDER LE CATALOGUE DE « *La Pensée chrétienne* »

www.ingramcontent.com/pod-product-compliance
Ingram Content Group UK Ltd.
Pitfield, Milton Keynes, MK11 3LW, UK
UKHW021101200726
13857UKWH00003B/1053

9 782013 341462